Schulung des Herzens und des Bewusstseins

Sananda Inspirationen

Heike Stuckert

Sonderausgabe 2
Corona-Krise

Schulung des Herzens
und des Bewusstseins

Band 2

Sananda Inspirationen

Bibliografische Information der Deutschen Nationalbibliothek:
Die Deutsche Nationalbibliothek verzeichnet diese Publikation in der
Deutschen Nationalbibliografie; detaillierte bibliografische Daten sind
im Internet über http://dnb.dnb.de abrufbar.

Herausgeber: Martin Kopka

Herstellung und Verlag: BoD – Books on Demand, Norderstedt

ISBN: 9783750499515

Inhaltsverzeichnis

Vorwort zur Sonderausgabe

Jetzt, innerhalb des weiteren Verlaufs der weltweiten Krise, können wir mit einem freundlichen Blick auf uns selbst wahrnehmen, wie gefestigt wir uns in unserem innersten Vertrauen fühlen. Und wie sehr glauben wir an die Essenz der Liebe?

In der Rückschau aus dem heutigen Jetzt heraus erfasst mich tiefe Dankbarkeit über die beständige Begleitung DER LIEBE und was in der Hingabe an sie für mich und andere entstanden ist. Sooft höre ich den Satz: „Hätte ich diese Begleitung nicht gehabt, wüsste ich nicht, wie ich heute in der Situation gelassen und zuversichtlich stehen könnte...".

Ich glaube fest daran, dass etwas Gutes für uns alle geschieht! Und ich glaube fest daran, dass DIE LIEBE gerade ihr Werk tut...

In diesem Sinne wünsche ich Dir von Herzen, dass die folgenden Beiträge Dir die Kraft und Zuversicht geben, die Du gerade brauchst, und dass Du in diesen besonderen Herausforderungen mit großer Klarheit und einem starken Herzen in Deinem Leben stehen kannst und so zu dem kollektiven Bewusstseinswandel von der Angst in die Liebe beiträgst.

In tiefer Verbundenheit

Heike

W as ist Sananda?

Sananda ist ein Bewusstseinsraum, eine Schwingung, eine Energie, erfahrbar durch ein warmes strömendes Körpergefühl, erfahrbar durch die Empfindung einer Liebe, die sich um mich herum legt und dadurch mein Bewusstsein anhebt und erweitert.

Sananda ist aber auch ein Lehrer, eine Wesenheit, mit der ich kommuniziere, die mich ermuntert, liebevoll kritisiert, vor allem aber inspiriert...

Es ist eine Kraft, die außerhalb und innerhalb meiner Selbst ist - und doch - schlussendlich bleibt es ein Mysterium.

Was aber zählt, sind die Früchte, was immer Sananda sein mag - es hat mein und vieler Menschen Leben bereichert, es ist mir Stütze, Trost, Kraft und Freude - die Quelle, aus der ich schöpfe, die mich trägt und mir Brücke ist zu Gott und meiner eigenen Göttlichkeit.

Sananda ist für mich nichts aus dem Bereich der Esoterik, nicht New Age, nicht Sekte - nichts von alledem.

Es ist die Kraft, die sich mir vor vielen Jahren gezeigt hat, die mir ihre Hand angeboten hat für meinen nicht immer leichten Lebensweg.

Schüchtern habe ich diese Hand ergriffen - zum Dank hat sie mich geführt - nicht nur in und durch leichte Zeiten, auch manch steiniger Weg war dabei, aber immer war es ein Weg der Liebe, der Selbsterkenntnis, des Reifens und Wachsens.

Eine spirituelle Reise, ein spirituelles Werden, - erst kindlich vertrauensvoll, dann jugendlich rebellierend und erwachsen werdend bis hin zur zunehmenden Selbstermächtigung. Eben ein Sich-Entwickeln, nicht nur als Mensch, auch als Seele, - ein Werden in das, was wir wahrhaftig sind, - liebende erkennende Wesen...

Im vergangenen Jahr zählte dieser Verbund nun 28 Jahre! Eine lange Zeit, viele Worte, viele berührende und heilige Momente. Geteilt mit vielen Menschen, all jenen, die mich kannten und kennengelernt haben.

Es ist an der Zeit, diese liebenden, lehrenden und inspirierenden Worte auch über diesen Kreis hinaus fließen zu lassen...

Mögen sie Gutes tun im Herzen und Denken des Lesenden oder einfach vorbeifließen, wie ein schöner Fluss, der einlädt zum Verweilen und darin Baden...

Mein herzlichster Dank gilt an dieser Stelle all jenen Menschen, die mich immer wieder und unermüdlich ermutigt haben, diese Blüten zu teilen, am meisten nun aber meinem lieben Freund im Herzen, Martin, der sich geduldig und fleißig an die Arbeit gemacht hat, still und leise dies Buch gestaltet hat, so dass auch ich mich dem nicht mehr verschließen konnte.

Und natürlich all den lieben Helfern, die den Mut hatten, sich diesen verschachtelten Sätzen zu stellen und sie zu Papier zu bringen.

Ich möchte an dieser Stelle auch noch darauf aufmerksam machen, dass aus meiner Sicht nicht ein Wort in diesen in Trance gegebenen Texten ohne Sinn und Bedeutung ist.

Im Erschaffen der Bände habe ich mich immer wieder gefragt, ob diese spezielle Sprache wohl Eingang in die Herzen des Lesers findet. Nach dem Lesen des 1.Bandes wird mir wieder einmal bewusst, dass WORTE „verstanden" und „gefühlt" werden können, - das Wort als Tür zu einem Raum, den jeder nur für sich selbst erforschen und erfassen kann.

In diesem Sinne wünsche ich uns allen, dass die Worte dieser Vorträge uns immer weiter in die Tiefen unseres eigenen Seins führen.

Das vorliegende Buch zeigt nur einige Perlen dieser Vielfalt…

Mögen sie Nahrung für deine Seele sein…

Heike Stuckert

Weitere Buch-Bände sind unter www.sananda-inspirationen.de bestellbar.

Vorwort des Herausgebers

Vor ca. 14 Jahren war es für mich noch völlig unvorstellbar, es könne da etwas geben, das von außerhalb meiner materiellen, substanziellen Welt stammt, das für mich hörbar und fühlbar ist und das sich sogar geradezu unerhört darauf einlässt, mir und anderen unmittelbar auf persönliche Fragen zu antworten...

Fragen zu Glauben, Religion und Spiritualität waren mir sozusagen in die Wiege gelegt und hatten weitreichende Auswirkungen auf meine Sozialisation und mein Weltbild.

Allzugern hätte ich in all den christlichen Überlieferungen, Ritualen und vorgetragenen Weisheiten, die z.b. meine Eltern „Glauben" nannten, etwas gespürt.
Für mich aber blieb es unfassbar, nicht fühlbar.
Und so gern ich meiner inneren Verlorenheit etwas entgegengesetzt hätte, hielt ich mich in Folge enttäuscht und mit innerem Groll an kontrollierbare technische Lebensbereiche. Die große Frage der Sinnfindung blieb Jahrzehnte trotzig ignoriert im Untergrund verschlossen. Eine tiefgründige kaum fassbare Sehnsucht blieb unerfüllt.

Rund 9 Jahre ist es her, dass ich mit staunendem Interesse den ersten Sananda Vortrag hörte, dessen Worte ich oft noch nicht erfassen und erfühlen konnte, - die Wärme, die Stimmung, das „Mich-Berührt-Fühlen" jedoch waren das, was mich ungemein faszinierte. Eine Verbindung, die ich lange Zeit gesucht hatte, deren Existenz und Qualität ich mir nicht hatte vorstellen können.

Viele Kostbarkeiten und Erkenntnisse sind mir seitdem in dieser Öffnung zur Liebe zugeflogen, meine ganz eigene spirituelle Entwicklung wurde durch viele, viele Vorträge und Einzelsitzungen getragen.

7

Sananda ist mir ein ans Herz gewachsener liebender Freund, Lehrer und Berater geworden, den ich nicht mehr missen möchte.

Möge dich, liebe Leserin, lieber Leser, der Inhalt dieses Buches auf deine ganz eigene Weise berühren...!

Martin Kopka

PS: ... und eine weitere besondere Freude ist es mir natürlich, hier den Sonderband zur Corona-Krise präsentieren zu können.

Bisher veröffentlichte „Sananda Inspirationen"-Bücher:
➢ „Schulung des Herzens - Sananda Inspirationen"
  Band 1, 2 und 3
➢ „Schulung des Bewusstseins - Sananda Inspirationen"
  Band 1, 2, 3, 4, 5, 6
➢ „Schulung des Herzens und des Bewusstseins - Sananda
  Inspirationen – Corona Krise"
  Band 1

Siehe auch: www.sananda-inspirationen.de

Menschliches Bewusstsein am schmerzlichen Schnittpunkt

Ich begrüße und segne euch, meine geliebten Freunde. Ich bin Sananda, und, ihr lieben Freunde, ich bin auch Michael. Ich danke, *wir* danken und freuen uns, um dass wir auf diese Weise zu euch sprechen dürfen.

Zuerst einmal will es wieder eine Klarheit sein, die zu euch *sprechen* möchte und die zu euch *kommen* möchte. Und es will eine Liebe sein, die, gleich was Klarheit auch erkennen mag, mit ihrer Liebe wärmt, umhüllt, nährt und erblühen oder auch verblühen lässt.

Nun, ihr lieben Freunde, der Mensch im Allgemeinen versucht ja über so Manches gerade Klarheit zu gewinnen, nicht wahr? Und gelingt es den Menschen im Allgemeinen? Was würdet ihr sagen? Nicht so sehr, nicht wahr?

Es ist in diesen Zeiten durchaus sogar aus geistiger Sicht gar nicht mehr so einfach, dem Menschen vom geistigen Sein zu sprechen, ohne die menschlichen kollektiven Erfahrungen der Augenblicklichkeit einzubeziehen. Und doch ist alles, was ihr an dieser augenblicklichen Wirklichkeit erlebt, ein Spiegel des menschlichen Daseins.

Selten in der gesamten Menschheitsgeschichte hattet ihr Gelegenheit, so deutlich und klar die unterschiedlichen Wahrnehmungszustände der einzelnen Menschen zu erkennen.
Selten in der ganzen Menschheitsgeschichte hattet ihr Gelegenheit, durch eine Erscheinung im Jetzt Jahrzehnte und Jahrhunderte der Vergangenheit in einen bewussten Raum der Heilung zu geben.

Ich bin mir sehr bewusst, ihr lieben Freunde, dass dies natürlich Worte sind, die ein *großer* Teil der Menschen nicht wirklich nachvollziehen kann. Hört das mit wertfreiem Herzen. Es ist auch gar nicht so bedeutungsvoll, ob jeder einzelne Mensch das nachvollziehen kann, von ..., wie kann ich es sagen? Es ist noch nicht einmal von großer Bedeutung, ob es *überhaupt* ein Mensch nachvollziehen kann, denn das, was aus geistiger Sicht geschehen möchte, geschieht ohnehin.

Es ist ein bisschen so, als würdest du in einer Winternatur sein, du erlebst zwar mit, dass der Frühling kommt, du bist dir irgendwie mehr oder minder bewusst, dass bald die Blumen blühen werden, und du kennst das aus deinem Leben, - plötzlich ist ein Tag da, an dem du auf einmal den Frühling siehst, als wäre es über Nacht geschehen. Das kennt ihr, nicht wahr, dass ihr euch manchmal dann fragt: „Wie war das jetzt möglich, das ist doch nicht über Nacht geschehen?" Und doch gibt es diesen Eindruck, dass du vielleicht hier und da mal eine Blüte hast kommen sehen, hast eine Knospe am Baum gesehen, - aber auf einmal an irgendeinem Tag ist dein Blick breit und wach, und es ist, als wäre es unmerklich geschehen.

Und so ist auch das jetzt vergleichbar: Aus geistiger Sicht geschieht etwas im *evolutionären* Bewusstseinswandel des Menschen. Ob ein Mensch das bewusst miterlebt oder nicht, ist in diesem Sinne tatsächlich gleichgültig.
Gleichzeitig aber ist es fast unmöglich, dass Leben ganz und gar nicht mitzuerleben.

Und so kommt es, dass ihr in diesen Zeiten im Einzelnen möglicherweise so unterschiedlich empfindet und im großen gemeinschaftlichen Gesamt-Menschlichen-Sein es doch, wie soll ich sagen, ähnliche Gruppierungen gibt. Und ob ich euch das an der Erfahrung eurer gemeinsamen Gegenwärtigkeit spreche oder ob ich euch das, was ich euch sprechen möchte, einfach in einen Kreis hineinspreche ohne äußeren Anlass, ist in der innersten Lehre gleich.

10

Doch vieles, was geistiges Wissen ist, viele der geistigen Gesetze lassen sich an eurer globalen menschlichen Erfahrung der Gegenwart in wunderbarster Weise erklären.

Ich beginne mit *einfachen* Worten und letztlich sind sie euch nicht unbekannt und doch sage ich sie in dieser Weise: Leid erzeugt Leid, Angst erzeugt Angst, Liebe erzeugt Liebe, Grün wird immer zu Grün werden, Rot immer zu Rot. Wenn Gleiches sich mit Gleichem verbindet, verstärkt es sich, potenziert es sich, *vermehrt* sich, wird zu einem Universum.

Klarheit sieht all das. In der großen Kraft der Klarheit, wenn dein Bewusstsein oder *ein* Bewusstsein…, und ich spreche von Bewusstsein im Sinne eines Raumes, grenzenlos, - nicht ein „ich atme bewusst", „ich esse bewusst", das ist eine Achtsamkeit, ein Gewahrsein des Augenblickes, ein fokussiertes Gewahrsein. Bewusstsein ist im geistigen Sinne ein klarer Raum wie in einer hohen, hohen Bergluft, grenzenlos, kristallines Wahrnehmen. Dieses Bewusstsein nimmt alles wahr, es nimmt Leid als Leid wahr, Angst als Angst, Liebe als Liebe.

Und es ist keine Frage, ihr Lieben, ob ihr es Gott nennt, ob ihr es Bewusstsein nennt, ob ihr es „Den Einen" nennt, diese eine Kraft, die tausend Namen hat und daher besser keinen, diese eine Kraft *sieht* alles, *bejaht* alles, lässt alles *sein*.

Wandlung aber, ihr lieben Freunde, Wandlung geschieht durch Transformation. Wandlung geschieht durch, ihr würdet menschlich sagen, Vermischung.

Der Mensch neigt im Allgemeinen dazu, das eine für gut und das andere für schlecht zu halten, das eine für richtig, das andere für falsch, das eine für wahr und das andere für unwahr. Und all das ist ein Irrtum.

Ja, so ist das, nicht wahr, - je nachdem, von wo aus du schaust.

Nehmen wir euer erlebtes Beispiel, euer gelebtes Leben. Ja, es ist wohl unzweifelhaft, dass es einen Virus gibt, nicht wahr? Es ist ja nicht der erste in diesem irdischen Feld. Und ja, dieser Virus erzeugt Krankheit und er erzeugt Gesundheit.
Dort wo Angst ist, wird die Angst stärker. Dort wo Liebe ist, wird die Liebe stärker. Dort wo Vertrauen ist, wird das Vertrauen stärker. Ist es nicht eine große Faszination des Lebens, dass die Existenz etwas Unfassbaren für dich, dich *so viel* lehrt über dich selbst?

Und, wenn du dann einmal vergisst, dass es da gerade ein Thema in der Welt gibt, mit dem sich alle beschäftigen und du einfach mal davon ausgehst, dass nur das ans Licht kommt, was sowieso die ganze Zeit unterschwellig da ist, - dann kannst du dich doch genau genommen *staunend* in die Welt stellen und kannst sehr viel lernen.

Und lass dich nicht verführen, dass du vielleicht denkst: Ja, wenn Angst eben Angst erzeugt, will ich mal nur in der Liebe sein, denn ich will ja nur Liebe fühlen.
Ihr lieben Freunde, das wird ja nichts, das gelingt euch nicht. Ja, ihr werdet natürlich aus eurer Liebe heraus Liebe erzeugen. Aber die Angst, die in euch schwelt, das Leid, welches in euch schlummert, das wird auch weiterhin sich selbst erzeugen. Es sei denn, ihr…, nun, es wäre vermessen zu sagen, „ihr beginnt", denn ihr habt längst damit begonnen, und doch sage ich es einmal so, - es sei denn, ihr beginnt oder macht weiter, diese scheinbaren Gegensätze miteinander zu mischen.
Denn darin, ihr Lieben, liegt die Lösung.

Und…, wie kann ich *das* ausdrücken, wenn du nur mischen würdest, was dir selbst zur Verfügung steht…, nun, für die hier, ihr unter euch, jeder für sich, kann für sich selbst spüren, sagen wir mal: Wieviel Leuchtendes gibt es in deinem inneren Farbkasten? Wieviel Stumpfes, Dunkles gibt es in deinem inneren Farbkasten?

Und bedenke darin, die *Liebe* und die *Klarheit* bewerten das nicht.

Wenn du also versuchst, du oder ein anderer Mensch, sprechen wir einmal im Allgemeinen, wenn du oder ein Mensch schon eine große Liebe in sich gefunden hat, nun, dann wird es kein Problem mehr sein, dann kommt mal ein Tupfer der Angst, dann nimmst du das auf wie einen Farbtupfer auf einer gelben Blume. Dann weißt du, kein Dunkel in mir kann mein Helles vernichten. Dann weißt du, dass alles Dunkel sich im Hellen kurz zeigt und sich dann ergibt.

Aber sage einmal einem Menschen, der viel Angst in sich trägt, viel Zweifel, viel Ungewissheit, Unsicherheit, sag dem mal, er soll doch ein Funken Vertrauen in sich aktivieren und kann das dann vielleicht sogar, - aber was wird dieser Mensch wohl erleben? Wahrscheinlich erlebt er, „es ist, als würde meine Angst mein Vertrauen grade mal verschlucken", wie ein Hund ein Krümel Käse, entschuldigt den Vergleich.

Aber ihr kennt das selbst, manchmal ist das Innen *so dunkel*, dass kein innerstes Fünkchen ausreicht, um es zu erhellen. Also braucht es etwas, was *dazu* kommt.

Wenn wir geistigen Welten sichtbar weinen könnten, - und ihr dürft an diese Geschichten glauben, dass manches Mal eine Träne gesehen wurde, - denn das ist das, was geschehen würde: Würdet ihr Geistiges, im menschlichen Sinne, sehen können, ihr würdet eine Träne sehen, eine Träne der Traurigkeit der Liebe.

Und was glaubt ihr, was *das* für eine Traurigkeit sein könnte? Es ist *nicht* eine Traurigkeit über den Menschen, es ist *nicht* eine Traurigkeit, die, sozusagen, den Menschen bewertet. Nein, es ist die Traurigkeit *Der Liebe, die sich schenken möchte,* die genau weiß: Meine Liebe ist sooo groß, sie könnte alles Dunkel der Welt erleuchten.

Und, wann immer ein Mensch in seiner Angst, in seinem Leid, in seinen leidvollen Erinnerungen schwimmt, sich gefangen fühlt oder nicht weiß, wie heraus kommen, - ja, ihr lieben Freunde, die Liebe, die *kommen* will zu euch, die weint manchmal, dass sie nicht kommen darf. Könnt ihr mir folgen?

Heilung, Veränderung, Wandlung geschieht *nur* und *ausschließlich* dadurch, dass etwas *dazukommt*.

Wenn ein Mensch sagt…, und es ist ja gut, dass ein Mensch lernt, auf die Stimme des eigenen Herzens zu hören, dass ein Mensch lernt, „ich möchte *meinem* Herzen treu sein", „ich möchte *meiner* Liebe folgen". Der Mensch ist manchmal verwundert, warum denn seine Liebe, die er oder sie horizontal ausrichtet, zu so viel Traurigkeit führt.
Ja, selbst die Liebe von Mensch zu Mensch kann begrenzt Glück erzeugen. Selbst die Liebe von Mensch zu Mensch kann manchmal Leid erzeugen. Erst, wenn etwas *dazukommt*, öffnet sich Heilung auch für das Leid.

Also, ihr lieben Freunde, glaubt nicht, dass *Die Liebe* sich nur dort hinein ergießen will, was ihr Angst, Leid, Unglück nennt. *Die Liebe* will sich auch dort hinein ergießen, was ihr Liebe, Glück und Freude nennt. Denn hier in eurem menschlichen Feld der Erfahrungen in der gesamten Menschheit bedarf sowohl die Angst der Heilung als auch die Liebe.

(längere Stille)

Worte sind sehr begrenzt. Seit nun *so vielen* Jahrhunderten ergießt sich geistige Präsenz durch Worte durch Menschen zum Menschen hin, in alten Zeiten nicht öffentlich, in alten Zeiten nicht preisgegeben. Das hat sich bereits gewandelt und immer wieder in einem evolutionären Bewusstseinswandel. Denkt an das Zeichen der Unendlichkeit (∞), der *intensivste Moment* ist der Mittelpunkt, dort, nicht wo ein Kreis beginnt, auch nicht da, wo er dann endet, sondern *genau* der Punkt, wo der *Eine* begonnen hat, der *Eine* sich beendet und *genau der Nächste beginnt.* Und dann dauert es wieder lange, lange, bis es sich wieder an diesem Mittelpunkt trifft.

Aus geistiger Sicht bewegt sich das menschliche Bewusstsein gerade am *Ende* eines Kreises und trifft gerade auf diesen *einen* Punkt, wo es vor langer, langer Zeit begonnen hat, und genau da geht die Bewegung in den neuen Kreis. Könnt ihr mir folgen? (Ja)
Und an solchen *Punkten*, die es schon manches Mal gab in der Menschheitsgeschichte, verlieren Worte ihre Bedeutung und bekommen eine neue, das Wort bleibt gleich, der *Raum* wird weiter.

Und *genau da* ist es für uns geistige Welten, - entschuldigt, ich glaube, ihr habt das noch *nie* gehört, - ist es für uns *schwer,* uns euch zu vermitteln. Könnt ihr das verstehen?
Jedoch an *genau* diesen Schnittpunkten ist es für uns *leicht,* unsere ganze *Stille* zu euch zu geben, unser ganzes *Licht,* unsere ganze *Kraft.*
Es hat aber eine Konsequenz: Angst wird stärker, Liebe auch, Vertrauen auch, Helligkeit auch, aber auch die Dunkelheit.

Und, hätten wir Körper und wären mitten unter euch und dürften *sichtbar* wirken, ihr lieben, lieben Freunde, wir würden uns wie eine Krankenschwester, die euren Verband wechselt und genau weiß, dass sie euch dabei weh tut, die würde sagen: „Es tut mir so leid, ich muss dir jetzt weh tun!", und würde ihre ganze Liebe dahinein geben, - und so würden wir sprechen. Wir würden *all die Stille,* all das geben, was wir in *solchen* Zeiten besonders gut können und würden immer wieder sagen: „Uups, tut mir leid, es bringt auch den Schmerz hervor."

Versteht ihr, was ich sagen möchte? (Ja)

Vergebt uns, - und lernt daraus.
Was immer ihr in diesen Zeiten aus euren Tiefen aufsteigen seht, *seht es*, ihr Lieben, aber taucht nicht hinein.
Was immer ihr aufsteigen fühlt, *fühlt* es, aber sagt nicht, „ich *bin* das".
Versucht nicht, etwas zu verhindern, das würde euch nur noch mehr Schmerz zufügen.

Seht ihr es in den Augen eurer Mitmenschen? Schaut mal die Augen hinter den Masken. Von zehn Menschen werden die Augen von Tag zu Tag bei, sagen wir mal, drei Menschen immer leuchtender. Sie versuchen immer mehr Freude, immer mehr Wohlwollen, immer mehr Zugewandtheit über ihre Augen zu signalisieren. Ist euch das schon aufgefallen? (Ja)

Und vielleicht, naja, fünf von zehn scheinen immer mehr hinter ihren Masken zu versinken, als würden sie, je *sicherer* sie sich versuchen zu halten, immer *ängstlicher* werden. Habt ihr das auch bemerkt?

Und dann gibt es, naja, diese zwei, drei, die Grenzen sind immer fließend, die sich noch nicht so ganz entscheiden können. Die im Grunde merken: „Manchmal habe ich Angst, dann bin ich wieder ganz vollkommen, als wäre ich in einem anderen Licht, dann habe ich wieder wie einen Traum, und ich kann manchmal gar nicht unterscheiden, träume ich *das* oder *das*, oder was ist eigentlich meine Mitte." Die wissen gerade nicht so richtig, wer sie sind.
Ist euch das auch schon aufgefallen? (Ja)
Und es gibt sicherlich die eine und andere Nuance davon.

In solchen Zeiten mach dir nochmal bewusst: Evolution geschieht in Zyklen. Also, um es einfach zu sagen, in diesen Kreisen. Aber es ist ja nicht wie in der Schule: Mal mal einen Kreis, und wenn du den schön gemalt hast, fängst du einen neuen an und malst ihn woanders hin. Sondern es ist das Schwingen des Universums. Der Kreis beginnt, er vollendet sich, es beginnt ein neuer, trifft sich wieder in der Mitte, von da aus geht es wie in eine andere Ebene wieder, und wieder trifft es sich in der Mitte.

Und wenn es…, immer, wenn ein Kreis sich zwei Mal in der Mitte getroffen hat, steigt es auf und geht in die neue Ebene.

Könnt ihr mir ungefähr folgen? (Mhm)

Ihr seid…, der eine Kreis geht *gerade* in die Mitte, bildet auf der gleichen Ebene den neuen Kreis, geht dann nochmal in die Mitte und dann in eine andere Ebene.

Und auf dieser Mitte kommt erst einmal, wenn der eine Kreis sich zusammenfügt, wenn der Anfang und das Ende zusammenkommen, bevor der nächste Anfang sich direkt bildet, das ist alles ein bisschen übergangslos, ein Atemzug. Aber genau an diesem Punkt kommt alles Vergangene, der Beginn des einen Kreises, noch einmal zum Vorschein.

Aus eurer *ganzen* Ahnenreihe ist es wie, als würde *ein* Mund ausatmen. Als würde *eine* Erinnerung aufsteigen, aufsteigen in die Unendlichkeit, all das, was *ausgeatmet* werden will.

Es ist immer ein Einatmen, ein Ausatmen, ein Einatmen, ein Ausatmen. Und ihr seid gerade am Ausatmen bevor der nächste Einatemzug kommt.

Und das Ausatmen braucht auch dann eine Pause, eine Stille, ein Moment, bevor es wieder einatmet.

Da bewegt ihr euch als *Gesamtmenschheit*, der *eine globale Mensch* ist genau da.

Und ihr einzelnen Menschen, jeder für sich, ist *auch* da und doch ist jeder einzelne Mensch im großen Menschheitsgeschehen mit einer *eigenen inneren* Geschichte darin. Und, es ist auch ein Moment, wo sich *vieles entscheidet,* in den Seelen, aber auch in den Menschen.

Und, wie kann ich das euch in Worten vermitteln?
Wenn ich nun zu euch sagen würde: Es gibt eine Erde der Angst und eine Erde der Liebe, und es findet gleichzeitig statt. Euer menschlicher Verstand würde zurecht sagen: „Das verstehe ich nicht." Und mancher Mensch würde zurecht sagen: „Was ein Unsinn." Denn es ist schwierig, *das* zu vermitteln.

Und doch könnt ihr es in dieser eurer besonderen Situation so deutlich sehen. Es gibt Menschen, die in *diesem* Augenblick sagen: „Es ist ein wunderbares Ereignis für mich." Und gleichzeitig gibt es Menschen, die würden dir in *tiefster Inbrunst* sagen, wie *schrecklich* es ist. Und manchmal ist es an einem Küchentisch der Fall, - zwei vollkommen verschiedene Welten.

Und, ihr lieben Freunde, *wir brauchen Menschen wie euch.* Wir brauchen Menschen, die bereit sind, *unsere Haltung,* ein bisschen, nur einen Tropfen davon, als *Mensch* zu den Menschen zu geben.

So wie ich gerade sagte: Wären wir sichtbar, dürften wir uns zeigen, würden wir gesehen werden, auch wenn wir uns *millionenfach* in dieser liebevollsten Weise entschuldigen würden: „Vergib mir, ich tue dir gerade weh.", - achtzig von hundert Menschen würden behaupten, wir hätten die Angst gemacht. Versteht ihr, was ich sage? (Mhm)
Aber *viele* Menschen würden vielleicht auch spüren: „Oh, da kommt ein Mitgefühl zu mir und will mir helfen."
Wenn wir all das, was wir sind, *ergießen* würden, ihr lieben Freunde, die Menschheit würde die Angst nicht aushalten, die *wach* wird, versteht ihr, die *sichtbar* wird. Wir *sähen* keine Angst, wir *sehen* sie und sie wird *sichtbar.*

Daher brauchen wir Menschen, denen wir, im Bilde gesprochen, wie einen Tropfen von unserer Liebe in die Hand geben dürfen und sagen dürfen: „Trag sie doch bitte dorthin, wo die *Angst* so groß ist, wo das *Leid* groß ist. - Aber bevor du es zu einem anderen trägst, nimm dir *selbst* noch einen Tropfen von dem Tropfen, und nimm es erstmal schön für dich."

In einem Bilde gesprochen würde ich sagen, wir sind so ein bisschen wie *Riesen*, und was für uns ein Tropfen ist, ist vielleicht für dich ein *ganzer* Eimer. Und dann würden wir zu dir sagen: „Trägst du bitte diesen Eimer für uns in die Welt, aber trink dich vorher erst satt, damit du auch gut in die Welt laufen kannst."

Wir brauchen Menschen, die an unsere Liebe nicht einfach nur glauben, die sie annehmen, annehmen und weitergeben.

Ich sage es wie ein liebevoller, aber auch strenger Freund: Wir brauchen *keine* Menschen, die von der Welt *wegwollen* zu uns *hin*.

Da sind die Seelen, das sind die, die ihren menschlichen Körper *verlassen*, die heißen wir *natürlich* wieder willkommen. Die haben ihren Dienst getan oder ihre Angst gelebt, was letztlich auch ein Dienst ist an der Gesamtmenschheitsevolution.

Aber Menschen, die leben, brauchen wir als Menschen, die immer wieder Liebe in die Welt tragen. Und *nicht nur* dorthin tragen, wo Liebe ist, *aber auch* dorthin, sondern, die auch den Mut haben, *die Liebe* dahin zu tragen, wo Leid ist, - aber wie ein Angebot. Versteht ihr?

Ich nutze noch einmal das Bild des Eimers. Es geht nicht darum, in die Welt zu gehen und zu sagen: „Schaut mal, ich habe einen Eimer voll von einer Gottesträne."

Nein, es geht einfach nur darum, in die Welt zu gehen mit einem Eimer Wasser am Arm, und wann immer einer Durst hat, kannst du anbieten: „Ich hätte hier ein Getränk."

Vielleicht wird's genommen, vielleicht auch nicht, aber das macht ja nichts. Versteht ihr dieses Bild? (Mhm)

Und es geht noch nicht einmal darum zu sagen, *woher* das Getränk kommt. Sondern, was ist das denn, was ist denn der Tropfen, der da kommt?

Ihr lieben Freunde, *dieses Getränk* ist gemischt aus Mitgefühl, Wertschätzung, Verständnis und Vergebung. Aber eben *nicht* die Vergebung nach dem Motto, „dir wird die Angst vergeben oder der Hass", *nein*, die Vergebung, die sagt: „Vergib mir, ich tue dir grad weh."

Es ist die *Essenz* der Vergebung, Liebe *ist* Vergebung. Ich spreche *nicht* die Vergebung, die ihr mit Schuld verbindet. Schade, dass es kein Wort gibt für das, was ich sage. Aber ich glaube, eure Herzen können es verstehen.

(Stille)

Es ist schon ungeheuer mutig, wenn *ein* Mensch sich dafür entscheidet und sozusagen sagt: „Ich stelle mich *mit allem, was ich bin,* in das Licht der Liebe. Und was immer sich zeigen möge, ich möchte gerne es wahrnehmen, ich möchte es heilen, der Liebe übergeben. Ich will damit umgehen." Ihr habt dafür viele Namen. Das ist ungeheuer mutig.

Und das ist das, was ihr alle und viele andere Menschen auch schon ganz lange tun. Ihr habt aus unserer Welt *große* Anerkennung, *hohe* Wertschätzung, dass ihr in eurer Menschlichkeit den *Mut* habt, diesem *Impuls* eurer Seele zu folgen.

Noch mehr Mut braucht es, sich der *eigenen* Strahlkraft bewusst zu sein. Warum braucht das noch mehr Mut? Weil dann nämlich genau das geschieht: In *deiner* Strahlkraft sieht ein anderer möglicherweise *seine eigene* Angst. Und mindestens fünf von zehn Menschen werden sie *dir* zur Last legen. Ihr nennt das dann Projektion.

20

Das braucht Mut, es braucht Mut, darin *ehrlich, echt, wahrhaftig* zu sein.

Ich weiß, ihr lieben Freunde, es ist in eurer Welt weit verbreitet, ich spreche niemanden von euch persönlich an, aber es ist in eurer Welt weit verbreitet, und vielleicht kennst du es auch von dir, dass ihr euch sozusagen zurückzieht an einen inneren Ort des blanken Spiegels und *vielleicht* gerne mal sagt: „Nein, nein, also dieser Ärger hat nun *gar nichts* mit mir zu tun.", - aber ihr wisst gar nicht, wo ihr euch hinbeugen sollt, um irgendwie nicht *doch* zu merken, dass er etwas mit euch zu tun hat. Das ist ja verständlich.

Es gibt aber auch einen Frieden, eine Liebe, ein Mitgefühl, eine *Strahlkraft* innerlich, die steht einfach da, die *weiß* um die eigenen Ängste, und die *weiß*, wie leicht es dann geht, dass ein anderer behauptet, er würde in *dir* etwas sehen, was er selbst nicht hat. Erst, wenn *alle* Menschen ihre Angst kennen, wird die Liebe Platz finden. *Das* ist Evolution.

Also braucht es Mut, wenn viele Menschen noch denken, die Erde sei eine Scheibe, in der Gewissheit zu stehen, die Erde ist ein Kreis. Allein der *Gedanke* macht manchen Menschen schwindlig.

Ich wünsche euch Mut, - ich weiß, ihr habt den Mut in eure eigenen Tiefen zu schauen, den habt ihr längst bewiesen, - ich wünsche euch nun den Mut, *wohl* eure Ängste zu kennen, eure *Abgründe* zu ahnen, - man muss nicht alle Abgründe genau ergründen, aber um sie zu wissen, dass sie *da* sind, das hilft, das hilft dem Ausatem, dass er *frei* ausatmen kann, - ich wünsche euch den Mut, all das wahrzunehmen und den Mut, in jedem Augenblick sagen zu können, „und auch *das* ist vorbei", denn dann kommt ihr in eure *echte, wahrhaftige* Gegenwart.

Dann kommt ihr in eure Gegenwärtigkeit. Und *ja*, die gibt euch immer noch genug Aufgaben:

Das, was *jetzt ist*, ist nicht zu leugnen.

Das, was *jetzt ist*, will auch mit Liebe verbunden sein.

Das, was *jetzt ist*, will Nahrung finden, auch durch unseren Tropfen.

Das, was *jetzt ist*, wird auch irgendwann Ausatem sein.

(Stille)

Und auch wenn ihr alles vergesst, was ich jetzt zu euch sprach, denkt an das Eine: In *diesen* Zeiten, in *Zeiten* wie diesen sind wir *präsenter* denn je, - vor allem durch unsere Stille.

Und wann immer Worte euch nicht mehr verbinden können, lasst euch *still* werden. Wann immer Fragen in euch entstehen, ich spreche von Zeiten wie diesen, dann habt die Frage in eurem Herzen und lasst sie eintauchen in eine Stille.

Denn das Wunderbare ist, im Ausatmen kommen nicht nur Vergangenheiten des Leidens, im Ausatmen kommt auch immer noch eine *gute Portion*, wie soll ich sagen, *Neues* mit. Und vor allem kommt ja auch ein *Einatmen*, eine *Frische*, ein *Impuls*, ein *Erkennen*.

(lange Stille)

Gesegnet sei euer Geist, gesegnet sei euer Herz, gesegnet sei euer Denken und euer Handeln.

Ich hülle euch in meinen Mantel der Liebe. Ich segne euch im Namen unendlicher Liebe. Indem ich euch segne, segne ich all jene, die euch *tief* im Herzen sind. Vor allem aber segne ich eure kommende Zeit.

Mögest du in diesen Tagen hier, eben, diesen einen Tropfen auffangen und dich erst einmal *gut* nähren und dann, eben, dich in die Welt tragen.

Und denke auch in deiner Welt dann wieder daran, diesen Tropfen *aufzufangen*. Das braucht nicht viel, dein Eimer braucht *nie* leer sein.

Friede mit dir, mit dir, auf all deinen Wegen, vor allem in deinem Herzen mit dir selbst.

Zurück zum Ursprung - Neue Wirklichkeit

Ich begrüße uns segne euch, meine geliebten Freunde. Ich bin Sananda. Ich freue mich, hier und jetzt, in dieser Weise zu euch sprechen zu dürfen[1].

Und wieder einmal möchte ich fragen: Wie fühlst du dich, jetzt, hier, in diesem Augenblick? Eine Frage, die sich an dein *Innen* richtet.

Nun, ihr lieben Freunde, und letztlich ist genau das, das was sein möchte, die immerwährende Frage, die sich in euer *Innen* richtet. Denn das ist das, was zu allen Zeiten, aber auch besonders in diesen Zeiten, wichtig ist: Wie sieht es in deinem *Innersten* aus? Ist es dort hell oder weniger hell? Ist es in deinem Innersten in angenehmer Weise still oder in angenehmer Weise bewegt oder in unangenehmer Weise still oder bewegt? Immer wieder die Frage nach deinem *Innersten*.

Wie kann ich das, was ich wiederum sprechen möchte, in Worte fassen? Denn das ist ja das, was viele von euch mehr und mehr bemerken, dass so vieles spürbar wird, dass so vieles in einer gewissen Unterschiedlichkeit ist und doch in einer Gleichheit. *Viele* von euch spüren zunehmend, die Begrenztheit der Worte.

Und, ich meine sagen zu dürfen, dass es auch kollektiv, wie soll ich sagen, es eine oberflächliche Sprache gibt und dahinter eine große Müdigkeit. Eine Müdigkeit, als würde das, was im Grunde erfragt wird, gesagt sein möchte, als würde *das* keine Worte finden. Oder anders ausgedrückt, als würdet ihr auf eure Fragen *Stille* ernten. Sowohl, wenn ihr in die Welt hinein fragt, wenn ihr darauf hofft, Wahrheiten oder Wahrhaftigkeiten zu erfahren, genauso

---

[1] Der Vortrag ist mittels einer Videokonferenz in der Zeit der Corona-Beschränkungen entstanden.

aber wenn ihr in die Weite des Seins oder den Himmel hineinfragt, dass ihr vor allem eine *Stille* erntet.

Würden wir nun in einem Kreise sitzen und ihr könntet meine Fragen, mit einem für alle hörbaren *Ja* oder *Nein* oder mit was auch immer beantworten, so würde ich in diesen Kreis hinein fragen: Fühlst du dich denn gehört mit deinen Fragen, in der Welt oder auch, eben, in der geistigen Welt.

In der Welt, ich vermute, sagen viele von euch: „Nein, da fühle ich mich *nicht* gehört, ich fühle mich *nicht* in meinem Wissensdurst oder Verstehens-Bedürfnis gehört und beantwortet."
Und das ist eine *sehr wichtige* Erfahrung. Natürlich wird manchen oder vielen von euch…, und ich spreche dazu in das Menschliche im Allgemeinen hinein, natürlich kennen viele, viele Menschen genau dieses Gefühl, nicht gehört zu sein, nicht verstanden zu werden, nicht gesehen zu sein, nicht *die* Antworten zu bekommen, die *zeigen*, dass Verstehen da war.

Viele, viele Menschen *kennen* das alleine aus ihrer familiären Vergangenheit. Und natürlich wird genau dieses Gefühl der Hilflosigkeit oder bis hin zur Ohnmacht *auch berührt*, wenn ihr eine Frage *ins Leben* hinein habt, wenn ihr ein *Gefühl* oder ein *Bedürfnis* nach Wahrheit, Wahrhaftigkeit, Information in euch tragt.
Und wie kann es sein, dass nun das, was ich bin, sagt: Es ist sogar kollektiv betrachtet eine wichtige Erfahrung, *keine* Antwort zu haben."

Die *wichtige* Erfahrung darin ist, bis *tief* in die Seele *und* in euer Herz *und* euren menschlichen Verstand hinein *wirklich* zu erfassen, dass das Leben nicht *kontrollierbar* ist. Ein einfacher Satz, der euch nicht unbekannt ist, und wenn du ihn *doch* in dir wirken lässt, dir ganz und gar bewusst zu machen, das Leben *ist nicht wirklich* bis in die Tiefe erfassbar und verstehbar.

Das Einzige, was du erfassen und verstehen kannst, ist *deine Wahrnehmung* in *dein inneres Jetzt*, in das, was du *jetzt in dir* vorfindest.

Auch das ist nicht ein, wie darf ich sagen, ein vollkommen neuer Satz, und doch hat es eine Bedeutung, die *wichtiger* und immer *wichtiger* wird. Denn etwas will kollektiv im Menschen wieder ganz und gar wach werden und *Raum* greifen. Und das ist tatsächlich die Fähigkeit, ein Gefühl, ein Empfinden für *Wahres* und *Wahrhaftiges* zu haben.

Jeder Mensch, ausnahmslos jeder Mensch kommt mit dieser Fähigkeit in diese Welt. Jede Seele, die geboren wird, bringt diese Fähigkeit mit, *wahrhaftig* zu spüren, zu fühlen, wahrzunehmen, *ohne* zu deuten.
Das ist der Mensch in seinem gerade Geboren-Sein ja nicht in der Lage, etwas zu deuten. Aber jeder Mensch, jede Seele, jedes *Kind* ist *vollkommen* verbunden mit der innersten Wahrnehmung.
Und sich *das* in einer Weise zurückzuerobern, ist die *wunderbare* Möglichkeit, gerade in Zeiten, in denen ihr *keine* Antworten und *keine* Erklärungen auf Fragen findet.

Ein kluger Mann sagte einmal: „Werdet wie die Kinder.", oder sinngemäß auch, eben: „Selig sind jene in einem einfachen Geist." Damit war, ihr lieben Freunde, ja nicht Dummheit gemeint im menschlichsten Sinne. Die Einfachheit des Geistes heißt im Grunde, er *erfasst, was ist*, - der Geist erfasst, was ist, *ohne* zu deuten, *ohne* zu bewerten und *ohne* dem Ganzen eine Befürwortung oder einen Widerstand entgegen zu bringen.

Natürlich werdet ihr jetzt sagen: „Ja, aber es gibt doch angenehme und unangenehme Erfahrungen, Schönes und Unschönes, Prägendes im guten Sinne wie auch im schmerzlichen Sinne."
Natürlich, das ist das, was durch Wiederholungen und mehr und mehr Erfahrungen *und* mit dem Werden des *Denkens* geschieht.

Die Fähigkeit aber des *Geistes*, die in der Lage ist, Dinge *hinter* dem Schein zu erfassen, die hat nichts mit Bewertungen, Worten und Einteilungen zu tun. Die hat alleine damit zu tun, ein *Gespür* zu haben für Schwingung, Stimmigkeiten und Resonanzen.

Angst, ihr lieben Freunde, *trübt genau* diese Fähigkeit. Angst *verhindert* dieses Spüren. Es gibt eine Angst, die gehört zu dem Spüren dazu. Ihr könntet das auch Vorsicht nennen oder ein Gefühl des Gewarnt-Seins, eine Empfindung der, eben, der Achtsamkeit, auch der schnellen Achtsamkeit, - das ist ein natürliches und wichtiges Empfinden der Intuition, also die Intuition, die auch Gefahr wittert.

Die Angst von der ich spreche, die all das überlagert und verhindert, das ist *die* Angst, die aus den Gedanken entsteht, die aus den Gedanken genährt wird, und die bewusst eingesetzt wird, um das *innerste Fühlen* eines Menschen zu überdecken.

Angstgedanken, die sich immer weiter, sozusagen, hinein oder überlagernd hineinpflanzen und immer mehr verunmöglichen, dem inneren Empfinden zu vertrauen, das innere Empfinden ernst zu nehmen, es überhaupt *wahr*zunehmen, - diese Angstgedanken haben zwar eine sehr große Macht über den Menschen, jedoch, und das ist das Wunderbare, von ihnen könnt ihr euch befreien. Ihr könnt entscheiden, welchen dieser Gedanken ihr folgt, welche ihr auf euch wirken lasst.

Ich bitte euch um Geduld, um all das, was gesagt sein möchte, im Laufe des Sprechens zu erfassen.

Auch wenn ihr solche Formulierungen kennt, dass aus geistiger Sicht manchmal gesagt wird, dass es durchaus auch Ängste in der Seele gibt, die mitgebracht sind, die also eine Seele im Laufe eines menschlichen Lebens für sich lösen und heilen möchte, - das ist wohl eine Wahrheit, und doch sage ich jetzt: „*Letztlich* wird *jedes Kind* ohne Angst geboren."

28

Denn, selbst mitgebrachte Themen der Ängstlichkeiten sind in der Seele nicht *angstbesetzt*. Eine Seele ist sich dessen sehr bewusst, sie weiß dann, ich bringe eine Art Lebensaufgabe oder Thematik mit, und *die* möchte ich im Laufe eines Lebens erfassen, lösen, heilen, wie immer ihr das bezeichnen wollt.

Ein *Kind* aber, der *Mensch*, der da entsteht, ist erst einmal vollkommen ohne Angst. In der Seele ist alles angelegt an guten Kräften, an heller Kraft, an Liebe, Mitgefühl, Vertrauen in sich selbst, um die mitgebrachten Ängste oder Themen zu lösen und mit ihnen das Leben zu *nutzen*, um daran zu wachsen.

Der Mensch selbst ist ein unbeschriebenes Blatt. Der Mensch selbst ist im Grunde ohne Angst.

Wieder würde ich euch fragen an dieser Stelle: Könnt ihr mir folgen?

Nun, wenn du dir mal erlaubst, diese Idee zu haben, zu sagen: „Ja, auch wenn Ich-Mensch nicht unbedingt wirklich bewusst weiß, was ich als *Seele* mitgebracht habe, will ich doch darauf vertrauen, dass *in* der Seele bereits, ja, wie die Lösung liegt, das all das in mir *gut angelegt* ist.", - und gleichzeitig dir tatsächlich einmal den Gedanken erlaubst: „Ich-Mensch bin ohne Angst geboren, und alles was ich an menschlichen Ängsten entwickelt habe, an menschlichen Befürchtungen oder Sorgen, oder wie immer du das nennen möchtest, *ist entstanden* durch Erfahrungen meiner Vorfahren, der Eltern, Großeltern, *ist entstanden* durch Erfahrungen an meinem eigenen Leib oder *ist entstanden* durch diese menschlichen Worte, die mir immer wieder gesagt wurden, die ich gehört habe, die ich irgendwann als Gesetze wiederholt habe."

Wenn du dir versuchst, mal *wirklich* bewusst zu machen, du warst ein unbeschriebenes Blatt, dann kannst du vielleicht *viel* Mitgefühl für all deine Erfahrungen haben, kannst viel Verständnis und Mitgefühl für deine menschlichen Gefühle aufbringen, - und kannst aber auch gleichzeitig anfangen, dich frei zu machen davon. Frei zu machen nicht im Sinne von *loswerden*, ablehnen, all das nicht mehr erinnern, das geht nicht. Erfahrungen sind auch Erinnerungen. Aber du kannst dich wieder besinnen auf die *Ursprünglichkeit* deines menschlichen Seins.

Euch fällt sicher gerade auf, dass ich nicht, heute, nicht nur von der Ursprünglichkeit deines göttlichen Seins spreche, deines seelischen Seins, deiner geistigen-spirituellen Ebene, - sondern dass ich tatsächlich von der Ursprünglichkeit deines *menschlichen* Seins spreche. Denn das ist die Wahrheit: Das *Kind*, das du warst, die *Seele,* die du bist und die *Liebe,* die *Göttlichkeit* in dir, *das* ist ganz nah, das ist dein innerstes, wie kann ich es in Worte fassen, dein innerstes, helles, gesundes, ursprünglichstes Dreieck. Wie deine innerste, dir ganz eigene, wenn ich so ein altes Wort benutzen darf, deine reinste und purste, innerste Dreifaltigkeit - die Reinheit deiner Seele, die Ursprünglichkeit deines tief innersten Kerns und die Unbedarftheit, Ungetrübtheit deines menschlichen Daseins.

Und all das ist in dir. All das, was du kennst, deine Erinnerungen, die schmerzvollen, die leidvollen, auch die wundervollen, all das ist wie die Schrift, die Worte auf den leeren Seiten deines eigentlichen Daseins.

Und das ist ja der Punkt: Geschichten können verändert werden. Egal, welche Geschichte dein Leben geschrieben hat, - gleich, was du gelernt hast, was du scheinbar bist, - gleich, was dir gesagt wird, *wie* etwas wohl ist, - es bleibt immer die Frage, ob es wirklich, wie darf ich das sagen, die Wahrheit *deines* Seins ist.

Es gibt einen Punkt im Leben sowohl als geistige Wahrheit und auch als menschliche Wahrheit, wo *jeder Mensch, jedes* Bewusstsein letztlich verstehen *muss*, weil es nicht anders geht, dass es keine Wahrheit gibt.

Es gibt die *eine* Wahrheit, die namenlos ist, sozusagen, die Wahrheit, dass Leben aus einer Kraft entsteht. Das kann zwar mit vielen Worten beschrieben werden, aber es gibt kein *Wort* für diese *eine* Kraft, aus der alles entsteht.

Dann gibt es aber *unzählige* Wirklichkeiten. Und die Wirklichkeit hat sehr viel damit zu tun, wie du sprichst, wie du denkst, was sozusagen in deinem Erinnerungsbuch steht. Denn das, was ein Mensch *lernt*, das hält er für *die* Wahrheit. Das, was ein Mensch hört, wenn er nicht immer weiter unterstützt war, auf sein Innerstes zu spüren, - er wird das, was er hört und wenn er es oft genug hört, für die einzige Wirklichkeit halten.

Aus geistiger Sicht ist es tatsächlich nicht leicht, über Worte Menschen zu vermitteln, dass ihre Worte ihnen unter Umständen eine Wirklichkeit erschaffen, die aber nicht der innersten Wirklichkeit entspricht.

Wie kann ich es in einem Beispiel sagen? Du kennst das: Wenn du vor einer Angelegenheit, eben, wenn du etwas befürchtest, wenn du ängstlich bist. Sagen wir mal ein Mensch…, nehmen wir einfach einmal ein ganz weltliches Beispiel. Wenn ein Mensch Angst hat, vielleicht einen Partner zu verlieren durch was auch immer, dann sieht dieser Mensch in den unterschiedlichsten Begebenheiten *sofort* eine Gefahr. *Alles* erscheint im Lichte des möglichen Verlustes.

Oder jetzt in eurer Zeit: Wenn jemand sagt, ein Virus sei unglaublich gefährlich, und ihr hört das oft, es wird in gewisser Weise irgendwie hingedeutet, - und irgendwann kann ein Mensch so eine Angst bekommen und so darin gefangen sein, dass er *fast alles* nur noch als Gefahr betrachtet. Das ist dann die Wirklichkeit dieses Menschen. Und es wäre anmaßend, diesem Menschen dann zu sagen: „Du irrst dich, du bildest dir das ein, du hast eine Angst die unmöglich ist." Es ist die Wirklichkeit dieses Menschen geworden. Auch wenn ihr wisst, dass es dann die Angst ist, die verunmöglicht, wieder in ein Selbstempfinden zu kommen.

Ein anderer Mensch, der vielleicht irgendwo abseits lebt, nie etwas gehört hat von irgendeiner Gefahr, die Welt betrachtet als einen freundlichen Ort, der wird möglicherweise tatsächlich die Erfahrung machen, dass es nur Freundlichkeiten gibt.

Zurecht könntet ihr nun sagen, ja, aber es gibt ja diese Gefahr und jenen Unfall und das ist passiert und so weiter. Eben, ein Kind kreiert sich ja seine Welt nicht wirklich selbst. Ein Kind taucht ein in die *bereits kreierte* Welt der Mitmenschen, der Vorfahren, der Eltern, der Gesellschaft.

Und dann kommt ihr kollektiv an einen Punkt, wo sich kollektiv in der Welt etwas verändert. Und plötzlich gelten alle einzelnen Gesetze, Strukturen, Lebensumfelder nicht mehr. Plötzlich gibt es etwas, was *alle* Menschen berührt, was vollkommen *die* Menschheit, den *einen* globalen Menschen bewegt.

Solche Ereignisse, ihr lieben Freunde, gehen *immer* einher mit einem *großen* Bewusstseinswandel, der sich zwar in einzelnen Menschen vollzieht, der aber im Grunde sich in einem großen Kollektiv vollzieht.

Ich sprach euch vor einiger Zeit schon, von dem *einem globalen Menschen*, - dass ihr euch ganz bewusst macht, der eine Mensch, alle Menschen weltweit, alle zusammen, ist der eine globale Mensch, - wie, jeder einzelne Mensch ist eine Zelle in einem großen Körper. Und in jeder einzelnen Zelle beginnt Heilung oder auch Verwirrung. Darum ist es so wichtig, dass *jede einzelne* Zelle, so viele wie möglich, sich ganz und gar bewusst machen: Im Kern, nicht nur als geistiges Wesen auch als ursprünglichster Mensch in *diesem deinem* Leben, war ich und bin ich *vollkommen* heil und gesund. Wie in einem Buch, die Blätter sind weiß, egal welche Geschichte darauf geschrieben ist, ob es eine schöne Geschichte ist oder eine schreckliche Geschichte. Die Blätter an sich sind neutral, weiß, und jeder Zeit fähig, andere Geschichten aufzunehmen.

Und dieses Bewusstsein, das dein Mensch-Sein mit einbezieht, dass es dir als Mensch wirklich möglich macht zu sagen: „Ja, selbst wenn ich Schlimmes erlebt habe, selbst wenn mein Körper mir noch täglich davon spricht", es gibt in jeder deiner Zelle, auch körperlich, eine Erinnerung an das Unberührte, an das Gesunde, an das Heile.

Und *genau das* will wieder aufgesucht werden, um auch nicht nur zu deinem eigenen Wohle beizutragen, sondern um diesen globalen Menschen im Bewusstseinswandel zu unterstützen, teilzuhaben an diesem Geschehen. Das ist das Wunderbare in dieser Zeit.

Wann hatte der Mensch *so viel* Gelegenheit, sich wirklich als Teil einer *ganz großen* Gemeinschaft zu verstehen? Ich bin mir sehr bewusst, ihr lieben Freunde, menschlich, von Mensch zu Mensch seid ihr wenig einverstanden mit dem, was all eure Mitmenschen euch so zeigen. Ich verstehe das, mit all meiner Liebe. Und, ich weiß, es ist nicht leicht, sich selbst als eine, sagen wir mal, Zelle des Friedens zu betrachten und an einem anderen Teil des globalen Körpers zu sehen, da tobt der Krieg. Sich selbst als frei zu sehen und gleichzeitig zu wissen, da gibt es Enge, Gefangenschaften und so weiter.

Es ist ein bisschen so, als könntest du sagen: „Meine rechte Schulter ist frei, aber mein ganzes linkes Bein ist steif und entzündet." Das ist dann nicht so einfach, da wirklich einverstanden zu sein und zu sagen: „Ja, so ist das, *alles,* was irgendwo auf der Welt geschieht, *alles,* was irgendein Mensch erlebt, ist in gewisser Weise auch in meinem Körper, in diesem globalen Körper, in meinem System enthalten."

Ich hoffe, ihr könnt diesem Bild und diesen Worten folgen.

Bewusstseinswandel *bewusst* mitzuerleben, ist aus geistiger Sicht ein *großes* und *wunderbares* Geschehen für die Seele. Bewusst miterleben können das, - wie kann ich das ausdrücken, denn es ist wertfrei, - können das im Grunde nur Seelen, die in einer gewissen inneren Reife der Erfahrung sind, Seelen, die schon *viel* erlebt haben. Um es so auszudrücken, in gewisser Weise sind das schon sehr, eben, erfahrene und wache Seelen, wobei das *wertfrei* gemeint ist. Also wach heißt nicht, es ist gut, und eine junge oder weniger erfahrene, weniger wache Seele sei dann schlechter oder nicht so weit oder wie immer ihr das menschlich ausdrücken würdet.

Ich kann es nur in diesen menschlichen Worten beschreiben.

Einen Bewusstseinswandel bewusst mitzuerleben, hat etwas mit der Reife oder der Erfahrung der Seele zu tun. Warum betone ich das? Aus einem ganz einfachen Grund. Urteilt nicht über jene, die ihr als *unbewusst* erlebt. Urteilt nicht über jene, die, wie kann ich das sagen, die die Dinge nicht so sehen wie ihr.

Ich weiß, ihr tragt in euch, der Eine mehr der Andere weniger, die Frage, ob ihr denn überhaupt die *Wahrheit* erfahrt. Und ich bin mir schon bewusst, dass Menschen bewusst andere Menschen anlügen. Und *trotzdem* erlaube ich mir euch den Gedanken ins Herz zu legen: Stell dir doch mal vor, dass dich niemand wirklich belügt. Erkenne aber an, dass es *ganz unterschiedliche* Wirklichkeiten gibt, und dass es tatsächlich im Großen und Ganzen, im individuellen ist es sicher noch ein bisschen ein Unterschied, aber im Großen und Ganzen es tatsächlich so ist, dass die Wirklichkeit, die du erlebst, andere gar nicht in sich tragen.

Wieder an diesem ganz einfachen Beispiel. Wenn du in dir ein Vertrauen trägst, wenn du in dir spürst: Ja, es gibt vielleicht eine Aufforderung zur Vorsicht, aber es gibt keine Gefahr, - dann ist das eine Wirklichkeit *in dir*. Aber ein Mensch, der überall Gefahr wittert, der *hat* nur diese Wirklichkeit.

Ein Mensch, der die Menschheit so sieht, als dürfte man ihr nicht die Wahrheit sagen, weil sie damit nicht umgehen kann, das ist dann auch eine Wirklichkeit, diese Wirklichkeit: Man müsse zum Wohle aller, zum Beispiel lügen oder verschweigen.

Könnt ihr das verstehen, dass es in diesem Sinne nicht Wahrheit und Nicht-Wahrheit gibt, sondern, dass es so viel oder vor allem eben *extrem* verschiedene *Wirklichkeiten* gibt. Und die wiederum haben genau damit zu tun, dass der Einzelne vielleicht noch nicht in der Lage ist, wie soll ich es ausdrücken, Geschichten umzuschreiben.

Eine Seele, die schon *so viele* Erfahrungen gemacht hat, ist ein bisschen, wie soll ich das ausdrücken, wie ein wacher, alter Mensch. Wenn ihr das einmal mit der Menschlichkeit vergleicht. Ein junger Mensch, der will sich ausprobieren, der will die Dinge erleben. Der muss mal fühlen, wie sich das anfühlt, ob etwas heiß ist oder kalt, ob man sich daran wehtut oder nicht, ob das denn stimmt, wenn es immer heißt: „Vorsicht, das Messer ist scharf". Das muss einmal erlebt werden, dass das, eben, scharf ist und dass das wehtut.

Es gibt ja Seelen, die sind *auch* erstmal dabei, diese ganzen Kapitel des Lebens, diese Möglichkeiten, was erlebt werden kann, überhaupt erstmal zu erfassen, überhaupt erstmal zu erfahren.
Eine Seele, die all das schon erlebt hat: Macht haben, bemächtigt werden, Opfer sein, Täter sein, im Krieg leben, im Frieden leben, lieben oder hassen, die all das Menschenmögliche schon erlebt hat, *die* ist irgendwann in einer Wachheit, dass sie sagt: „Aha, es gibt *so viele* Wirklichkeiten.", - und diese Seelen können leichter dann sich

rückbesinnen auf ihre Ursprünglichkeit, sowohl auf die menschliche Ursprünglichkeit als auch auf die seelische Ursprünglichkeit.

Deshalb, ihr lieben Freunde, *hütet* euch davor, wenn ihr sagt: „Die Anderen sind noch nicht soweit." Oder wenn ihr ganz und gar sagt: „Bin ich so unmöglich, so anders, so nicht richtig."

Vertraut euch, vertraut euch, wenn ihr ein Gefühl habt, wenn ihr ein Gefühl der stillen Reinheit habt, vertraut euch, wenn ihr ein Vertrauen spürt, wenn ihr eine Gelassenheit spürt. Vertraut euch auch, wenn ihr eine Vorsicht spürt, und hütet euch vor immer wiederholten Wirklichkeiten. Hütet euch vor, wie darf ich das ausdrücken, Gefahren, die immer wieder neu erfunden werden. Hütet euch aber auch vor dem Widerstand dagegen.
Ihr *spürt* es, wenn ihr in einer Wirklichkeit seid, denn die *innerste, ursprünglichste* Wirklichkeit ist mit einer Gelassenheit verbunden. Könnt ihr das nachvollziehen?

(Stille)

Ich will euch ein ganz einfaches Beispiel geben, und vielleicht erinnert ihr euch an eigene Erfahrungen, als ihr Kinder wart oder an Erfahrungen, wenn ihr Kinder behütet habt.
Stell dir mal vor, ein Kind klettert, sagen wir mal, auf einen Baum oder eine schmale Mauer, also ein bisschen in eine Gefahrenzone. Im idealsten Fall würde dann eine Mama oder ein Papa oder wer auch immer, sagen: „Oh, du begibst dich in ein Abenteuer, sei schön achtsam, achte auf deine Füße und deine Hände." Und im idealsten Falle wäre dann diese Mama oder dieser Papa oder dieser erwachsene Mensch da, präsent, beobachtend, immer bereit schnell die Hände vorzuschieben, im Fall, ein Ausrutschen ist, und aufzufangen. Das ist der Idealzustand in diesem einfachen Beispiel.

Was aber geschieht in der Regel? Ich sage jetzt einfach einmal, eine Mama…, und das kann wie gesagt jeder andere auch sein. Also was geschieht schnell in solch einer Situation. Ein Kind begibt sich in die Gefahrenzone, eine Mama erschrickt, bekommt schreckliche Angst, es könnte etwas passieren, hat *unbewusst* schon alle Angstszenarien in sich von Schwerverletztes-Kind bis Verlust des Kindes und so weiter und so fort.

Und was geschieht? Sie drückt all diese bewussten oder unbewussten Ängste in entweder einem Verbot aus oder in einem Schreckenschrei oder in einem Vortrag, was alles Schlimmes passieren kann, und „am besten ist, du meidest den Baum oder die Mauer".

Also werden die Ängste und oft die unbewussten Ängste der einen Person *zur Wirklichkeit* eines Lernenden. Würde nun solch eine Mama sagen: „Oh, entschuldige, ich habe dir gerade von meiner Angst erzählt, aber jetzt bin ich wieder bereit, du kannst deine Erfahrungen machen, und ich bin da.", dann wäre das kein Problem.

In der Regel geschieht es, dass die *eine* Wirklichkeit zur Wirklichkeit des *anderen* wird, und dass selten, höchst selten, vielleicht sogar nach Jahren, wenn dann das Kind erwachsen geworden ist und vielleicht mal sagt: „Ich hab nie einen Baum erklommen, weil das so gefährlich ist.", - selbst wenn dann eine Mama, die auch alt geworden ist, noch sagen könnte: „Oh, das tut mir leid, da warst du wohl in *meiner* Wirklichkeit gefangen, wie schade, aber vielleicht kannst du ja heute noch mal auf einen Baum klettern.", - also, wenn einer seine Wirklichkeit, die mit Angst gefüllt ist, wieder *zu sich* nimmt, ist der Andere wieder frei, neue Erfahrungen zu machen.

Könnt ihr euch vorstellen, ihr lieben Freunde, dass es sehr viele Menschen gibt, auch Menschen, die etwas zu sagen haben, die nicht in der Lage sind, *ihre* Wirklichkeit nicht auf andere zu projizieren, - die im Grunde sogar aus guter Absicht in einer Weise handeln, dass sie ihre *eigene* Begrenztheit gar nicht sehen können, und wenn sie sie eventuell irgendwann erkennen, nicht in der inneren Freiheit sind, es sagen zu können.

Und das hat nichts mit Bosheit zu tun, sondern das hat mit einer tiefen inneren seelischen Reife zu tun. Denn *nur,* wenn eine Seele und ein Mensch erkennt, „ich bin ursprünglich, und einfach, weil ich bin, bin ich das, was ihr wertvoll nennt, einfach, weil ich bin, bin ich Leben".

Und darin gibt es, wie kann ich sagen, Erfahrungen, - selbst, wenn ich das Wort „Irrtümer" sagen würde, würde es nicht ganz entsprechen, es gibt vor allem Erfahrungen. Aber wer hat die Kraft zu sagen: „Weil ich bin, was ich bin, kann ich mich…, egal, welche Geschichten ich gehört oder erzählt habe, ich darf mich immer wieder rückbesinnen. Weil ich bin, bin ich wert zu existieren, und deswegen darf ich auch neue Geschichten erzählen. Ich darf sogar sagen, dass die *eine* Erfahrung nur *eine* Wirklichkeit ist, und ich bin offen für neue Wirklichkeiten."
Worte sind so klein, dies auszudrücken.

Wer hat die Größe in sich, wirklich zu sagen: „Ich habe etwas gefürchtet und hab die Erfahrung gemacht, dass es gar nicht so schlimm war oder nicht die einzige Wahrheit." Ihr würdet das Irrtümer nennen. Wer ist in der inneren Freiheit im Sinne von Selbstbewusstheit, dass er wirklich und wahrhaftig ohne Schuldgefühle Irrtümer zugeben kann?
Solch kleine Worte, für ein Kollektiv doch großes Geschehen.

Denn der Bewusstseinswandel, der ja stattfinden will und der ja *längst* schon begonnen hat, der aber auch zu einer Spitze sich bewegt, ist ja tatsächlich, Angst zu überwinden. Und der Mensch im kollektiven Bewusstsein hat *immer* Angst vor dem Unbekannten. Es ist das *Unbekannte,* was die Abenteurer suchen und die meisten Menschen scheuen, weil es *Angst* aktiviert. Und diese Erfahrung zu machen, in der eigenen Wirklichkeit, wie kann ich das sagen, dass die eigene Wirklichkeit der Angst sich verändern darf.

Wie viele von euch stellen sich selbst in Frage, weil sie Vertrauen haben? Wie viele von euch, wer von euch, fühlt sich innerlich, fragt sich selbst manchmal: „Bin ich so ignorant, dass ich die Not nicht sehe? Bin ich so stumpf oder taub, dass ich mich im Vertrauen wähne?" Ich meine da gibt es einige unter euch, die sich *genau* in dieser Gelassenheit infrage stellen oder gestellt haben.

Und, eben, nicht um euch als die besseren Menschen darzustellen, sondern, möglicherweise geht es genau darum, dass du anerkennst, dass du eine Reife oder eine Bewusstheit in deiner Seele trägst *und* als Mensch eine gesunde Intuition dir bewahrt hast, um sehr gut spüren zu können: Wann braucht es Umsicht, wann braucht es Achtsamkeit, ein Grund, Vertrauen zu haben, aber auch eine Vorsicht, eine Akzeptanz, - und vor allem den Mut, keine Antworten zu haben.

Denn das ist das, was im Grunde Angst zusammenfallen lässt, wenn ein Mensch in der Lage ist, wirklich sagen zu können: „Ich weiß es nicht, ich kann nur fühlen."

Wenn ein Mensch in der Lage ist sagen zu können: „Ich nehme das Leben, wie es *da* ist und wie es *kommt.*" Im Grunde…, und ich weiß, dass ist eine Art Tabu in eurer Welt, aber wenn ein Mensch wirklich in sich sagen kann: „Ich *lebe* mit diesem Körper, und ich lebe *ohne* diesen Körper. Und das Leben selbst *weiß*, wann es welche Form in mir annimmt.", - dann entsteht eine tiefe innere Gelassenheit, nicht Gleichgültigkeit, ganz und gar nicht. Das Leben will leben, eine Form will sein, solange sie sein will.

Wenn du mal eine Blume fragen würdest, ob sie gerne abgeschnitten sein möchte, sie würde wahrscheinlich sagen: „Nun, wenn du willst, mach es, dann verliere ich meine Form etwas früher". Aber wenn sie wirklich einen Willen äußern könnte, das Leben, das sich als Blume zeigt, wird einfach sagen: „Lass mich *stehen*, genauso wie ich bin, mit meinen Wurzeln im Boden, meiner Blüte Richtung

Sonne, und lass mich einfach das Leben durchlaufen mit Werden, Da-Sein, verwelken und Mich-Auflösen, in der Zeit und dem Rhythmus des Lebens."

Alles Leben will leben. Es gibt kein…, wie soll ich das sagen, ich weiß ihr kennt alle oder viele von euch kennen die Sehnsucht auch in den Tod. Aber das ist ja eine Sehnsucht nach Ruhe, nach Stille, nach Gelassenheit, nach Freude. Im Grunde ist die Sehnsucht in den Tod die Sehnsucht in die *Ursprünglichkeit*, die Sehnsucht, wieder ein weißes Blatt zu sein.
Aber an sich gibt es nicht die Sehnsucht in den Tod. Es gibt im Grunde das Leben, was leben will, das Leben, was sich Form gibt, Ausdruck gibt, sich ausdrückt, sich langsam wandelt, der Kreis sich rundet, Erblühen, Verblühen, Werden und Vergehen.
Das ist der Lauf des Lebens, *alles* zu seiner Zeit. Und das gibt keinen Widerstand gegen nichts. Und in diesem Wissen wird das Leben genommen, wie es da ist, natürlich mit Vorsicht, mit Intuition, mit Achtsamkeit, mit Gespür für Gefahr, aber eben auch mit dem Wissen und dem Mut und dem Vertrauen zu Gelassenheit, zu dem Rhythmus des Lebens.

Also, im Grunde möchte ich euch mit all diesen Worten sagen, es ehrt euch, wenn ihr eure Schatten betrachtet habt in eurem Leben oder immer noch tut. Es ehrt euch, wenn ihr danach schaut, was steht sozusagen mir im Wege.

Aber vor allem möchte ich euch in diesen Zeiten Mut machen, an das *Wahre* in euch zu glauben, an das *Ursprüngliche* in euch, an das in euch, wo ihr Wohlbefinden spürt, *nicht* in Verdrängung des Unangenehmen, sondern in der bewussten Entscheidung: „Ich *nähre* das Ursprüngliche in mir. Was immer ich erlebt habe, welche Geschichten auch immer mein Körper, meine Erinnerungen, meine Gefühle erzählen, ich steuere das weiße Blatt an, damit *ich* eine neue Geschichte schreiben kann."

Das, ihr Lieben, ist *Bewusstseinswandel*, ein Bewusstsein das sich erfährt als *immer wieder neu*. Das alles, was es ausdrücken kann, was es fühlen kann, was es benennen kann, *erkennt*, als eine *bereits erlebte Geschichte*, also als Vergangenheit. Und jeden Tag bereit ist das *Neue* aufzunehmen, den Geist auf das *Neue* auszurichten.

So wie alte Philosophen oder Meister…, oder wen immer du da zitieren möchtest, was gemeint ist, wenn sie vielleicht sagen: Lege dich abends in den Schlaf, und sei bereit zu sterben, um am nächsten Morgen wieder zu erwachen und neu zu beginnen.

Ich weiß, ihr lieben Freunde, Erinnerungen sind sehr hartnäckig. Ich weiß, es könnte euch unter Umständen überfordern, im Sinne eines Leistungsdenkens, dass, wenn ich euch sage, ihr könnt jeden Tag auch die Neuwerdung eurer körperlichen Zellen beeinflussen. Das, was seit uralten Zeiten schon gesucht wurde, diese, wie soll ich sagen, die Verjüngung aus dem Inneren heraus. Es scheint so ein großer Widerspruch zu der Erfahrung des Lebens. Und es geht eben nicht darum, Alter und Vergehen zu vermeiden. Es geht nur darum, immer wieder *neu, neu* zu schauen. Die Liebe, der Frieden, das Glück, ein waches Bewusstsein, ein Bewusstsein, was Angst überwindet, - jeden Tag ist es eine neue Gelegenheit, genau genommen, jeder Atemzug ist eine Gelegenheit.

Und ich bin mir bewusst, im menschlichen Dasein hat alles seine Zeit, linear, und ihr erlebt das dann als Jahre, die vergehen. Aus geistiger Sicht aber ist es, eben, vertikal. Aus geistiger Sicht ist es, ja, wie der Schmetterling, der sich erst von der Raupe zum Schmetterling wandelt und dann sich aus dem Kokon befreit. Der fragt nicht nach gestern und morgen. Ein Schmetterling erlebt das nicht als: Gestern war ich gefangen und heute fliege ich. Ein Schmetterling erlebt das Leben als das, was es ist, ein Jetzt und jede Sekunde ist neu.

Und in jedem *neuen Augenblick* liegt die Kraft des Lebens. In jeder Erinnerung *liegt* die *Ursprünglichkeit*. In jedem Wort, im Bilde gesprochen, in jedem geschriebenen Wort, liegt darunter die weiße Seite. Ich kann es euch nicht besser ausdrücken.

Angst sucht Angst und bringt Angst hervor.
Liebe sucht Liebe und bringt Liebe hervor.
Vertrauen sucht Vertrauen und bringt Vertrauen hervor.

Alles erzeugt sich selbst aus sich selbst heraus und ist, was es ist. Das Wunderbare ist, wenn es um Liebe, Vertrauen, Zuversicht, all diese wunderbaren Qualitäten geht, dann freut ihr euch, dass es so ist, wie es ist, das eben Liebe Liebe hervorbringt, das immer das Gleiche und immer mehr davon entsteht.

Wenn es Schwieriges ist, dann ist es leidvoll für euch. Aber *da* ist eben das *wichtige* Wissen: *Alles* ist wandelbar, und ihr habt *jede* Sekunde die Möglichkeit: Gebt in die Angst einen Tropfen Liebe hinein, und sie fängt an, sich zu wandeln.

So, wie es auch umgekehrt ist: Geb in Vertrauen einen Tropfen Angst hinein und nochmal Angst und nochmal Angst. Ja, dann ist das Vertrauen auch getrübt, bis hin zu vollkommen überlagert. Das ist die Wahrheit des Lebens, alles ist, was es ist, aber alles ist auch wandelbar.

Und da, wo du in guter, in stimmiger, in frei atmender Empfindung bist, warum solltest du da was anderes als genau das dazu geben? Es gibt keinen Grund. Aber dort, wo du in Enge bist, in Bedrängnis, in Leid, in Sorge, *dort* lerne, Neues dazuzugeben. Das ist die Macht, die du hast, die jeder Einzelne hat, jedes einzelne Bewusstsein. Jede einzelne Zelle, Bewusstseinszelle, hat die Macht, in *sich* etwas zu wandeln und damit im Ganzen.

Und so kann ich es nur noch mal betonen: Wenn du Engstirnigkeit siehst, gib den Blick der Klarheit da hinein. Wenn du Angst siehst, gib Liebe und Mitgefühl hinein. Wenn du vermeintliche Unwahrheit siehst, gib den Mut zur Wirklichkeit hinein. So vieles kann ich aufzählen. Wenn du Lüge siehst, gib Wahrhaftigkeit hinein. Es kommt auf deinen *Blick* an.

Das ist die *Macht*, die ihr in einer Weise gerade habt, *mehr denn je.*

Macht euch bewusst, die Möglichkeiten eurer technischen Welt ist *nur* ein *materieller Spiegel* für eure geistigen Möglichkeiten. Und gemessen an den geistlichen Möglichkeiten sind eure technischen Möglichkeiten im Zustand, ihr würdet sagen, eines Neandertalers. Ich meine das liebevoll.

Habt Mut, euch für eure geistigen Möglichkeiten zu öffnen, *nicht* um eurem Leben, so wie es ist, zu entfliehen, sondern ganz und gar *präsent* zu sein in eurem Leben, wie es ist, mit klarem Blick in euch selbst und eure Umwelt zu schauen und dann *hineinzugeben*, was es braucht.

Du brauchst dich nur zu fragen, „was fehlt?", dann wirst du schnell wissen, was es gilt hineinzugeben. Und das hat mit Geisteshaltung zu tun, nicht mit einer *Magie* oder was du Spezielles tun solltest, sondern sehe einen Streit, und schau auf ihn mit Klarheit und Liebe. Das ist ein einfaches Beispiel.

Aber anstatt zu sagen: „Hört auf zu streiten, wie könnt ihr so dumm sein und Krieg führen." Klarheit und Liebe sagt: „Oh, ihr streitet, wollt ihr das?"
Das ist ein freundlicher Blick. Und das gilt nach *innen*, als auch nach *außen.*

Wenn du in *dir* siehst, da ist Sorge, da ist Unsicherheit, da ist der Wunsch nach Wahrheit, dann *schenke* dir die Bereitschaft zur Klarheit, um deine Wirklichkeit zu erfassen. Denn deine Wirklichkeit wird sich *nicht* über die Aussagen anderer in *deinem* Sinne zu *deinem* Wohle wandeln, sondern, die entsteht allein aus dir. *Das* ist die Befreiung von, eben, dieser Erfahrung: „Ich glaube, was mir gesagt wird. Ich mache die Wirklichkeit meiner Vorfahren zu der Meinen.", - sondern wirklich zu erkennen: „Das ist die *eine* Wirklichkeit, *die* wird mir bewusst, und ich darf *meine* Wirklichkeit entdecken." Und dazu brauchst du den Mut, etwas *nicht* zu wissen. Du brauchst den Mut, ein leeres Blatt zu sein. Erst dann kannst du deine Wirklichkeit formulieren.

(längere Stille)

Wir, die geistige Welt, wir schauen mit großer Liebe und Gelassenheit auf euch und euer Jetzt. In dem Mut zum Innehalten, zum Nichtwissen, in dem Mut, das Leben sozusagen auch in dir anzuhalten, liegt die *größte* Kraft, dass *die Liebe* sich mit dir verbindet und dass du zu einem lebendigen Ausdruck *deines* Lebens dich empfindest. Auch wenn dein Tun sich vielleicht nicht verändert, aber dein *Sein*, dein Dich-Empfinden *in* deinem Leben, kann sich dadurch *sehr* wandeln.

Würden wir in einer Runde gemeinsam sein, wäre das durchaus die Stelle, an der ich fragen würde, ob ihr Fragen habt. So möchte ich mir aber heute erlauben, euch Mut zu machen, dass ihr vielleicht einmal *ganz* bewusst, *ganz* und *gar bewusst* euch darauf besinnt, dass euer Blatt *ganz leer* ist. Das alle Fragen, alles Wissen- und Erfassen-Möchten, ob im Außen oder im Innen, dass all das noch aus der Geschichte *selbst* geboren ist, - also bereits bestehende Geschichte, die neue Fragen in euch aufwirft.
Den Mut zu haben, *leer* zu sein.

Und der eine und andere aus meiner Sicht, sowohl in eurem diesen Worten lauschenden Kreis, als auch in, eben, Menschen um euch herum, aus meiner Sicht spüren viele Menschen gerade dieses Gefühl der inneren Leere, dieses Irgendwie-Nichts.

Und da möchte ich Mut machen, auf genau diese Leere zu schauen mit der Idee, dass *genau das* etwas ganz Wunderbares ist. Dass genau diese Leere nicht gleich wieder gefüllt sein möchte, dass genau diese Leere erst einmal als das betrachtet werden möchte, was es ist: Die Möglichkeit für eine *neue* Geschichte.

Und ich bin mir bewusst, es ist eine Herausforderung, ihr lebt in eurem Alltag, es will morgen die gleiche Arbeit gemacht werden wie heute, ihr erinnert euch an die gleichen Lebenserfahrungen, an den Streit von vorgestern oder an das Schöne von vorhin, - ich bin bewusst, der Mensch, das menschliche Denken, das ist einfach eingebunden in alltägliche Erfahrungen, gestern, heute und morgen in eine lineare Zeit.

Aber immer wieder, mitten darin, sich bewusst zu machen: „Ich bin ein Leben, ein Bewusstsein, ein Jetzt, ein zeitloses Sein, nicht gestern, nicht morgen, ich bin ein Jetzt. Und in diesem Jetzt, gibt es eine Reinheit, ein Weiß-Sein. Und das dürfte sogar übersetzt werden in Weise-Sein, also in jedem Moment eine Besinnung. Das, was ist, in eine Richtung zu wandeln, die dir gemäß ist, die *dir* gemäß ist und nicht deiner Vergangenheit.

Und darin wollen wir euch unterstützen mit all unserer Liebe, die wir euch in jedem Hier und Jetzt zuteilwerden lassen können, mit all unserer Stille, all unserem Frieden, all unserem Dasein.

Verzeiht mir die Begrenztheit der Worte.

So hülle ich euch in meinen Mantel der Liebe. Ich segne euch, im Namen unendlicher Liebe. In dem ich euch segne, segne ich all jene, die euch *tief* im Herzen sind. Vor allem aber segne ich eure kommende Zeit.

Friede mit euch, mit euch auf all euren Wegen, vor allem in eurem Herzen mit euch selbst.

Die stille Macht des Bewusstseins

Ich begrüße und segne euch, meine geliebten Freunde. Ich bin Sananda. Ich freue mich, hier und jetzt, in dieser Weise zu euch sprechen zu dürfen.[2]

Und wieder einmal danke ich um euer Vertrauen in das, was ich bin, und auch in das, was wir sind und aus was wir kommen.

Ein wenig ist es heute, als möchte ich euch sprechen, woher *wir* und somit auch *ihr*, also *du*, kommst. Und gleichzeitig wäre es ein Irrtum, im menschlichen Sinne zu denken, ich komme woher und gehe dann in dem, was ich als Mensch bin, dahin zurück. So stimmt das ja nicht, nicht wahr.

Und doch beginne ich meine heutigen Worte einmal genau damit. Das du dir vielleicht noch einmal zumindest gedanklich ganz und gar erlaubst, diese Wahrheit auch zu dir zu lassen: Wir alle, - und wenn ich jetzt gerade *wir* sage, meine ich *euch* alle und *uns* alle, - *wir* alle sind aus dem *einen* Licht geboren, aus dem *einen* Ur-Sein, welches, eben, viele Namen und keinen hat.

Und warum ist das so betonenswert? Ihr könnt es in vielen Schriften lesen, habt es vielleicht schon oft selbst gesagt, ohne es wirklich fühlend zu erfassen, aber warum ist es immer wieder erwähnenswert?

Nun, ihr Lieben, weil es die Wahrheit des innersten Seins ist. Weil es so wichtig ist, sich bewusst zu machen, egal, was ich erlebe, ich spreche an eurer Stelle, egal, was ich fühle, egal, was um mich herum geschieht, *alles Leben* ist aus diesem *einen* Licht geboren.

---

[2] Der Vortrag ist mittels einer Videokonferenz in der Zeit der Corona-Beschränkungen entstanden.

Wisst ihr, ihr lieben Freunde, im Grunde ist das die Grundessenz des menschlichen Daseins. Im Grunde könnte ich zu euch sagen, wenn du *das* verstanden hast, wenn du daran glauben kannst in dir, dass du aus dem *einen großen* Licht geboren bist, dass es *in dir* ist und dass es sich auch wieder verschmelzen wird, dann hättest du sozusagen den Anfang und das Ende ganz präsent.

Dann wüsstest du: Geburt ist ein Kommen aus der *großen* Einheit, und Sterben ist ein *Eintauchen* wieder in die große Einheit.
Dann wüsstest du, *alles*, was dein menschliches Dasein ausmacht, ausnahmslos alles, ist wie ein Kleid.
Und es ist ein Kleid-Anlegen und ein Kleid-Ablegen. Und zwischendrin das Kleid nutzen und verfeinern, manchmal auch, nun, wie das so ist, nicht wahr, wenn Kleider genutzt werden, ihr könntet sagen, „ja, dann sind sie einfach abgetragen und vielleicht ein bisschen rissig", aber so ein Kleid hat mit seinen vielen Farben und auch verblichenen Farben und Flicken und Nähten und Rissen, hat es auch seine ganz eigene Schönheit.

Oft sprechen wir über die einzelnen Aspekte auch des Kleides, der Erfahrungen, die ihr sammelt.
Aber, eben, sich immer wieder bewusst zu machen: Ich *komme* sozusagen aus dem, was ich Licht nenne, ich *bin* dieses Licht und ich *tauche* wieder dahin ein.

Und ob ihr das dann nennt, „ich komme aus dem Einen", „ich bin Teil des Einen" und „ich tauche wieder ein in das Eine", wie ihr diese Worte ersetzt, hat im Grunde *kollektiv* betrachtet nicht so viel Bedeutung. *Individuell* betrachtet hat es sehr *viel* Bedeutung.
Vielleicht ist es in dir eine ganz besondere innerste Seins-Qualität, die du als irgendwie dein Eigen verspürst.
Aber mache dir vor allem bewusst, eben, dieses Eine, wie immer es heißen mag, oder du es in dir nennen magst, es ist *so* wertvoll, dir bewusst zu sein: „Ich komme da her, es lebt und liebt auch in mir,

und ich tauche wieder ein, ich verschmelze wieder, - wenn ich mein Kleid ablege, dann in jedem Falle.

Aber genau das, dass es eine *Sehnsucht* ist, dass es eben in diesen alten Gewohnheiten bleibt, dieses Bewusstsein, was in der Vergangenheit menschlich gesprochen gesagt hat, „erst mit dem Tode gehst du wieder ein in Gott", das ist *so* wichtig in dieser Zeit, dass sich *genau dieser* Gedanke mehr und mehr auflösen möchte. Er tut dies ohnehin.

Der Mensch im Allgemeinen wird mehr und mehr diese Bewusstseinserweiterung erfahren. Doch wie es schon manches Mal gesagt ist, im *kollektiven* Sinne, kann eine Bewusstseinserweiterung durchaus viele Jahrzehnte, ja, Jahrhunderte verlaufen. Und doch gibt es *immer* zu allen Zeiten schon Menschen, die in philosophischer Weise, in spürender Weise, in fühlender Weise sozusagen der großen allgemein gültigen Wahrheit oder geglaubten Wahrheit voraus waren.
Das macht keinen Menschen zu einem besseren Menschen, darum geht es nicht. Es ist einfach, wie auch schon oft gesagt, wie auf einem Blumenbeet, es fängt *eine* Blüte an zu blühen, dann beginnt die Zweite, die Dritte, dann kommt irgendwann eine Phase, da explodiert nahezu das gesamte Blütenfeld. Und dann, wenn schon viele Blüten wieder verwelkt sind, gibt es immer noch so ein paar spätere Blüten, die dann eben nochmal erinnern, wie schön die gemeinschaftliche große Blüte war.

Also, solltest du jemals in dir eine Sehnsucht verspürt haben oder verspüren, dass doch hoffentlich die gesamte Menschheit, eben, in diesem Bewusstsein ist, dass wir *alle, wir alle*, jene *mit* Körper und jene *ohne* Körper, dass wir *alle* aus der gleichen Quelle geboren sind, die gleiche Quelle sind und in die gleiche Quelle eintauchen, dann habe Geduld. Denn diese Sehnsucht, ihr lieben Freunde, die erfüllt sich von ganz alleine. Dazu brauchst du im Grunde nichts beitragen. Alleine weil du *lebst*, alleine weil Leben *geschieht*, geschieht auch das.

Also, warum lohnt es sich, um dieses Thema Worte zu machen? Nun, es lohnt sich für *dein* ganz *eigenes individuelles* Leben, dafür lohnt es sich unbedingt. Denn dieses Wissen trägt eine große liebevolle Macht in sich.

Wieder einmal bitte ich euch, die Einfachheit der Worte zu verzeihen, die Begrenztheit der Worte geduldig in Kauf zu nehmen, um den Raum, der sich *dahinter* für euch öffnet, möglicherweise zu spüren.

Um euch die Macht, die auch darin liegt, die liebevolle Macht, die in diesem Wissen liegt, bewusst zu machen, möchte ich euch auch von dem gegenteiligen Erfahren sprechen.

Wenn ihr einmal in eurer Welt beobachtet, dann könnt ihr wahrscheinlich erkennen, dass Angst eine sehr große Macht hat. Es bräuchte, entschuldigt dieses banale Beispiel, es bräuchte nur einer in einem großen Raum vielleicht schreien „Feuer", und schon würden alle aufspringen. Oder eben, wie ihr es jetzt gerade erlebt habt und immer noch erlebt: Solange Angst unterstützt wird, hält sie den Menschen in einer gewissen Form, tja, soll ich sagen gefangen oder berührt oder eben auch bemächtigt.

Und das ist nicht etwas, was ich benennen möchte, als „irgendein böser Mensch tut irgendetwas". Sondern schau zu dir selbst, in jedem Menschen ist das so. Wenn du dir Gedanken machst, das kennst du ja, was alles passieren kann, was alles Schlimmes geschehen kann, was vielleicht möglich ist, dass andere sagen, dass Schlimmes geschieht…, du weißt selbst, wie das ist, wie *leicht* es geschieht, dann zu versuchen sich abzusichern, die Angst irgendwie zu sichern, Dinge zu tun, um möglichst wenig Gefahren zu haben, und so weiter und so fort.

50

Du weißt *selbst*, wie sehr Angst sich in dir vermehren kann, wie es durch Gedanken und Aussagen in dir unterstützen kannst im Sinne von Vermehrung.

Angst braucht immer eine Stimme. Angst braucht Argumente. Angst braucht Bilder, Projektionen von Befürchtungen, Angst braucht ein *Szenario*.
Und das ist das *Gegenteil* von *der* Macht, von der ich zuerst sprach. In dem Bewusstsein, wir *alle*, also *ausnahmslos* alle, auch jedes Tier, jede Pflanze, *jeder* Mensch, gleichgültig, wie er sich gerade verhält, ist aus der *einen Kraft* geboren. Und ich sage jetzt weiterhin „Licht", weil es sich dann leichter auch ein bisschen vorzustellen ist.

In dem Bewusstsein zu sagen, wir sind aus dem Licht geboren, wir tragen das Licht in uns, und wir lösen uns wieder ins Licht auf, - die Mitte davon ist wichtig. Es geht mir heute nicht um Geburt oder Tod im physischen Sinne. Es geht um das Licht, also *„ich bin* auch im Kern genau dieses Licht".

Würdet ihr wieder das Bild des Ozeans verwenden, dann könntet ihr sagen, es ist der *berühmte* Tropfen, der aus dem Meer *kommt* und wieder ins Meer *geht*. Und im Laufe eines ganzen Lebens ist dieser Tropfen *dein innerstes Sein*.
Und die Macht, die darin liegt, diese liebevolle, stille Macht, *die* will ich euch gerne beschreiben.

Und jetzt ist es *schwierig*, denn wenn eine stille Kraft und Macht mit Worten beschrieben wird, ist es ja schon wieder *aus* mit der Stille. Nun, ich will es versuchen.

Ich bleibe bei dem Wort „Licht", denn so kannst du dir vielleicht es leichter sogar *spürend* vorstellen.

Wenn du das Licht der Sonne siehst und dir *wirklich* klar machst, genau so eine Sonne ist auch in mir selbst, dann kannst du anfangen *spürend* zu erleben, dass diese Sonne, dieses Licht, wie aus einem innersten Glimmen und Glühen heraus *in dir* sich ausbreitet.

Und dabei, ihr lieben Freunde, spielt es überhaupt keine Rolle, ob du dieses Glimmen und Glühen wie eine Stecknadelspitze erlebst, so klein erst einmal, oder ob du es erlebst wie eine große Sonne. Es spielt auch keine Rolle, ob du es erlebst wie eine Sonne in deinem Herzen oder deinem Bauch oder deinem Solarplexus oder gar nicht wirklich in einem Ort zuordnest, - sondern, wenn du *einfach* dir bewusst machst, in *jeder einzelnen* Zelle meines Daseins ist wie der innerste, innerste Kern, wie ein Glimmen, eine Helligkeit, eine Lichtheit.

Und wenn es alleine dein Atem ist, der erlaubt, dass es vielleicht möglich wäre, wenn du es noch nicht so genau glauben oder fühlen kannst, dass du allein dir erlaubst, mit deinem Atem dieses *Bild* zu haben, dieses *Spüren*, dieses *lauschende* Spüren in dich hinein: Es kann sich ausbreiten, es kann sich still und leise ausbreiten, egal woher und wohin es führt.
Die Macht, die darin liegt, die hat vor allem damit zu tun, dass, wenn es sich in dir, verstehst das nicht als Leistung, du musst nichts kennen oder tun, - sondern einfach, wenn es in *dir* sich ausbreiten darf, selbst wenn du abends vor dem Schlaf sagst, „es darf sich in der Nacht ausbreiten in mir", und du dann am Morgen möglicherweise gar nicht mehr daran denkst, - aber alleine, weil du das *entscheidest*, dass das sein darf, geschieht etwas.

Und wenn du dir dann bewusst machst, und da setzt diese stille, freundliche Macht ein, wenn du dir *darin* bewusst machst: Auch im *anderen* glimmt genau dieses Licht. Und weil du dich bewusst darauf ausrichtest, wird im anderen damit auch etwas geschehen, ohne dass das mit Manipulation oder ähnlichem zu tun hat. Sondern es hat zu tun mit Vertrauen und Glaube.

Denn das ist doch zurzeit, und ihr kennt das aus eurem *individuellen* Leben sicherlich zu vielen Zeiten, aber *kollektiv* ist doch das gerade sicherlich etwas, was dich beschäftigt. Wie kannst du noch in die Menschheit vertrauen? Wie kannst du noch in die Gemeinschaft vertrauen? Das sind doch sicherlich Fragen, die du dir stellst.

Und genau darum geht es. Denn in diesem Bild gesprochen, alles was der Mensch zeigt, alles was er lebt, alles was er spricht, was er agiert, ist das *Kleid, nur* das Kleid, *nicht* die Wirklichkeit des seelischen und geistigen Daseins.

Und, es ist natürlich sehr verständlich, dass ihr von Mensch zu Mensch darauf schaut, was euch ein Gegenüber zeigt, womit du konfrontiert bist, was du erlebst, was in der Welt geschieht.
Aber dann schaust du ja natürlich auf die offensichtliche gelebte, gezeigte Wirklichkeit. Du schaust dann aber jedoch nicht auf die *geistige* Wirklichkeit, die in *jedem* Moment *genau so* da ist.

Und die geistige Wirklichkeit, die hat *immer* und *ausnahmslos* mit Licht zu tun. Selbst wenn ein Mensch noch so sehr sozusagen die dunkelste Gestalt zeigt, das *schwierigste* Gebaren, mitten darin und um euch herum ist diese *eine Lichtwahrheit*.

Wenn ihr in eurem alltäglichen Leben mit Freunden, Kindern, Kollegen, Eltern und so weiter, Partnern, wenn ihr in Konflikten seid, wenn ihr in Ratlosigkeit seid, wenn ihr euch fragt: „Was kann ich denn *bloß* noch machen?", und wenn die Antwort in dir ist, „Nichts", und du anfängst, dich vollkommen ohnmächtig zu fühlen, - nun, dann erlaube dir natürlich zuerst einmal dieses Gefühl der Ohnmacht, das ist wichtig, sozusagen es gehört mit zu deinem Kleid. Und gleichzeitig *besinne* dich darauf, letztlich *besinne* dich darauf: Es gibt noch eine stille Macht, die dir innewohnt, und diese stille Macht bedeutet, sich an das Licht *in dir und im anderen* zu besinnen. Denn das ist das, was ihr mit euren irdischen Augen nicht sehen könnt. Es ist wie der Duft einer Blüte.

Wenn du dir bewusst bist, dass es sozusagen diesen Lichtduft in dir gibt, vielleicht denkst du: Versteckt irgendwo in den tiefen deiner Zellen. Aber eben, wenn nur dein Einverständnis ist, ja vielleicht auch mal deine spürende Meditation, oder wie auch immer, aber dieses Bewusstsein, es ist dieser Duft, er darf wie von *innen* sich *in mir* und *über mich* ausbreiten, - gleich, was ich für ein Kleid trage, gleich, wie viel Flicken und Nähte da sind, es ist als würde durch die Poren des Kleides dieser Duft *leise* vielleicht *zart nur* strömen.

Und wenn du dir dann bewusst machst, dass im anderen genau der gleiche…, oder auch ein Duft, vielleicht nicht ganz und gar wie der Deine, das sagte ich zu Beginn, da gibt es auch die Individualität im Sein, - und doch dir bewusst machst, auch im anderen gibt es einen *Lichtduft*.
Und ob der schon strahlt, dann genießt ihr es sowieso, oder ob der noch versteckt ist, alleine weil du dich darauf besinnst, dass es im anderen vorhanden ist, unterstützt du *durch dein* Bewusstsein die Entfaltung dieses Geschehens.

Heilung, ihr Lieben, so wie einst der Mensch Jesus geheilt hat oder wie manche wirklich alten Meister heilen, es ist im Grunde genau so: Ein tiefes Sich-Verbinden mit der *Einen Göttlichen Kraft* im anderen.
Ein sich selbst, von jedem Wollen und Meinen aus dem Kleid heraus, enthaltsam sein und dieses willenlose stille machtvolle Bewusstsein erlauben.

Ich frage in diese Runde hinein, auch wenn ihr mir nicht antwortet, kannst du mir darin folgen?

Ich will es noch einmal mit anderen Worten erklären.

Ohne dass ich jetzt meine, dass ihr das so tun oder können solltet, aber so ist es leichter verständlich, - wenn du dir vorstellst, du könntest, und das ist tatsächlich erlaubbar, wenn du dir vorstellst, du könntest dafür sorgen, dass wie ein Strömen, ein, eben, ein Duft, ein Strömen, was dieses nicht sichtbare Licht ist, es aus deiner Hand fließen lassen, und du könntest deine ganzen Gedanken, deine Fokussierung, dein Atem, dein ganzes *Nicht*-Wollen und doch *Bereit-Sein* in diese Aufmerksamkeit legen, und du würdest dir vorstellen, du legst diese Lichthand sozusagen auf den Körper eines anderen Menschen und *weißt* einfach, *dieses* aus *meinem Sein kommende* lichtvolle Dasein verbindet sich mit dem Licht im anderen Menschen. Und dann glimmt sozusagen das Licht des anderen entgegen.

Im Grunde ist es ein bisschen so, wie dass du weißt, wenn du einen Samen in die Erde legst, gibt es *in* dem Samen den Lebenskern. Das ist ja das, was nicht *benennbar* ist, was nicht *sichtbar* ist in der Form. Und du *weißt* einfach, wenn du den Samen in die Erde legst und die Sonne strahlt den Samen an, dann wird irgendwie die Lebenskraft sich dem Licht entgegen recken.

So ist das. Angst sucht Angst und bringt Angst hervor. Licht, Lebenskraft, Helligkeit sucht Helligkeit und bringt Helles hervor. Und das hat *heilende* Wirkung.

Und das Wichtige, ihr lieben Freunde, ist eben, dass ihr versteht, nicht *du* oder irgendein anderer Heiler oder Heiliger, selbst, ihr lieben Freunde, selbst Jesus hätte nicht gesagt, „*ich* habe etwas geheilt", nicht *ich* im menschlichen Sinne.
Würde aber gesagt sein, „*ich*, das *Licht*", dann könntet ihr mit gutem Gewissen glauben, das eben nicht der Mensch, der ihr seid, irgendwelche Missstände geheilt hat, sondern dass nichts anderes geschehen ist, als dass durch die Bewusstheit des eigenen „mein Duft darf strahlen und der Duft ist auch im anderen" hat sich wie aus der *Tiefe* etwas in *Anziehung* begeben.

Es ist sogar so, wenn du dich selbst, gerade für nur grau und menschlich und eng und für sonst was hältst, selbst wenn du in diesem Zustand in der Ausrichtung auf einen anderen Menschen *glauben* würdest, *denken* würdest, „im anderen lebt ein Licht", ja, sogar dann, ihr lieben Freunde, würde durch dieses Bewusstsein im anderen und *sogar in dir* wie ein *Aufstehen* geschehen, wie ein Sich-Entfalten, wie ein Erwachen.

All das ist nichts anderes als..., ja, wie kann ich das sagen, wie ein glühender Funke, der sich einfach ausbreitet.

Das ist die Natur des Lebens selbst. Es ist die Natur des Lichtes selbst. Ihr könnt die Existenz des Lichtes nicht verhindern. Der Mensch kann es verleugnen, er kann es vergessen, er kann seinen Glauben daran verlieren. Er kann sogar sagen, „es ist alles papperlapapp, das gibt es gar nicht". Es ändert aber nichts an der Tatsache, dass es *ist*. Alleine weil Leben ist, ist diese eine Lichtkraft vorhanden.

Und seht ihr, selbst wenn alles, alles, alles Leben sich wieder auflösen würde, selbst wenn ein vollkommen, ja, wie kann ich es menschlich sagen, ein *vollkommen* formloses, dunkles Universum entstehen würde - Licht ist nicht zerstörbar.

Es ist gut, dass der Mensch *die* Macht, die im *tiefsten* Kern eines jeden Lebensfunkens liegt, noch nicht in *Gänze* erfasst hat. Es wurde zum Teil schon erfasst, und ihr habt auch gesehen was daraus für Schlimmes entstehen kann, wenn es, wie soll ich sagen, nicht gut eingesetzt ist.

Das Wunderbare aber ist, dass ein Teil der Macht dem Menschen verborgen bleibt. Das ist so auszudrücken, wenn wir sagen, letztlich gibt es keine Antwort auf die eine Frage: Woher, oder eben, wie das *Eine* entsteht? Und doch ist es gleichzeitig wichtig, dass der

Mensch zunehmend die stille weite wohlbringende Macht darin erkennt.

Seht ihr, gerade in der jüngsten Zeit habe ich es manchmal gesagt, eben, Angst ist ansteckend wie ein Virus. Liebe, Bewusstheit, eben Licht, Bewusstheit in Richtung *Erwachen* oder in Richtung *Ausdehnung* ist genauso ansteckend.

So könnte man auch sagen, ob nun ein Angsttropfen sich mehr und mehr ausbreitet oder ob ein Lichtkern sich mehr und mehr ausbreitet, es ist sozusagen *gleichermaßen* ansteckend. Und das ist das *Wunderbare* darin, das hat mit Resonanz zu tun, ihr lieben Freunde.

Immer wieder kennt ihr das Wort, habt vielleicht schon Erlebnisse gehabt, das *Gesetz der Resonanz.* Ich weiß, ihr lieben Freunde, ihr habt es sicherlich, die einen mehr, die anderen weniger schon vielfältig ausprobiert oder versucht, zu ergründen in menschlichen Beziehungen, in Ereignissen, eben, in Dingen, die geschehen.

Das Gesetz Resonanz ist ein *tief* geistiges Gesetz, und es hat Gültigkeit bis in das *tiefste* Sein hinein, und *dort* hat es auch die höchste Kraft. Im Menschlichen betrachtet, ja, natürlich, wenn du irgendwie…, wie soll ich sagen?
Manchmal könnt ihr es nicht so richtig verstehen, nicht wahr? Da fühlst du dich ganz freundlich und irgendeiner begegnet dir mit einer unglaublichen Unfreundlichkeit. Und wenn du dann dich fragst, was hat das mit dem Gesetz der Resonanz zu tun, dann bist du verwirrt, zu Recht. Weil du dann natürlich dich fragst: Wieso ziehe ich Unfreundlichkeit an, wenn ich mich doch freundlich fühle?
Nun, auf einer Ebene könnten wir antworten, um vielleicht nochmal zu überprüfen, ob du mit deiner eigenen in dir auch schwingenden manchmal Unfreundlichkeit in Frieden bist.

Aber das eigentliche Gesetz der Resonanz will im Grunde sagen: Das, was du dir bewusst bist und mit in Beziehung gehst mit einem Gegenüber, still und leise, wird auf *Grund* der Resonanz genau das im anderen hervorrufen.

Manchmal ist das so, dass du sozusagen mit einem hellen Blick ein Bewusstsein…, ich bleibe bei dem Wort des Lichtes, du kannst es ersetzen mit Liebe, Frieden, Stille, wie du willst, - also, dass du mit diesem Bewusstsein des Lichtes auf den anderen schaust. Ob du dann im anderen das *siehst* oder *nicht*, hat nichts mit deiner Wahrnehmungsfähigkeit zu tun. Es geht vor allem darum zu wissen, es *ist* im anderen. Und mit *dieser Haltung* auf den anderen zu schauen, bedeutet, dass es im anderen *wie aufstehen* kann.

Und wie das so ist, wenn sozusagen so ein inneres Wasser oder eine innere Kraft sich irgendwie, eben, der Resonanz entgegen bewegen möchte, dann wird natürlich manches wie ein bisschen vorher geschoben oder berührt oder, ja, wie kann ich es sagen, wie bei der Erde, da wird die Erde *bewegt*, wenn der Sprössling sich reckt.

Ja, und das kann bedeuten, dass viel *Schwieriges vordergründig* dir entgegen kommt, dass viel *Schwieriges* sichtbar wird. Das erlebt der Mensch zur Zeit ohnehin kollektiv, das ist nicht vermeidbar.

Aber in der Bezogenheit zueinander zwischenmenschlich, ich bin mir bewusst, das ist dann oft nicht einfach für euch, wenn ihr versucht, aus diesem Inneren in euch auch sich ausdehnenden Bewusstsein in die Welt zu treten, und vielleicht sogar durch euer So-Da-Sein im anderen erst einmal etwas *Schwieriges* entsteht, dann ist es auf der menschlichen Bezogenheitsebene nicht so leicht, damit umzugehen.

Aber genau dann, ihr lieben Freunde, braucht ihr *immer mehr* genau dieses Vertrauen und dieses Bewusstsein, dass, eben, alles in *diesem Lichte* bewegt wird. Genau *dann* ist es so *wichtig, weiterhin selbst* in dem Bewusstsein zu bleiben.

Und das erlebt ihr *auch* jetzt in dieser Zeit. Es geht nicht um Diskussionen, es geht nicht um Überzeugungen, es geht nicht mehr darum, wer hat Recht oder nicht. Du kannst einem Menschen, der Angst hat oder wütend ist, nicht sagen, er solle das nicht sein. Du kannst einem Menschen, der eine Meinung zu etwas hat, nicht wirklich sagen, er irrt sich. Das steht keinem von uns allen zu. Und da meine ich *euch* gleichermaßen wie *uns*.
Aber du kannst in der Stille, in *deinem* Bewusstsein bleiben.

Schau, du kannst es in deinem Alltagsleben einmal ganz einfach ausprobieren. Versuche selbst in einer gewissen Bewusstheit zu sein. Ich möchte einmal sagen, in einer gewissen Wachheit zu deinem *Jetzt*. Dass du, ihr würdet vielleicht sagen, in einer gewissen Präsenz bist. In meiner Sprache würde ich sagen, übe doch einmal dieses im vertikalen Strom zu stehen.
Einfach nur das und probier dich aus, gerade wenn du mit Menschen zusammen bist, die vielleicht…, wo es eher schwierig ist, die du als nervös empfindest, als ängstlich. Und du brauchst *nichts sagen*, sei dir einfach nur deiner eigenen, ja, *Jetzt*-Bewusstheit bewusst, deines Eigenen, vielleicht in einer Aufgerichtetheit, in der Idee, „weil ich atme, duftet das Licht aus mir heraus".
Und lass dich einfach nur beobachten: Was geschieht im Miteinander? Was geschieht möglicherweise im anderen?

Denn schaut, natürlich, menschliches Zusammensein, menschliches Miteinander, menschliche Gespräche, miteinander Dinge tun, was auch immer, das *kann* wunderbar sein. Viele von euch wissen aber auch, wie erschöpfend es sein kann. Und das ist ja das, das menschliche Miteinander bewegt sich in unzählige vielen verschiedenen Wirklichkeiten. Ich sprach euch zu einem anderen

Zeitpunkt von den unterschiedlichen Wirklichkeiten.[3] Die einen schauen auf einen Baum und erleben ihn als groß, bedrohlich, unangenehm. Andere schauen auf genau den gleichen Baum und erleben den Baum als stark, groß im Sinne von beschützend, hell und wunderbar. Und es ist der gleiche Baum.

Jeder Mensch hat seine ganz eigene Wirklichkeit entsprechend seiner menschlichen Erfahrungen, entsprechend seinen Zusammenhängen, in die er geboren ist und in denen er lebt.

Diese Wirklichkeit ist *so vielfältig* wie die gesamte Menschheit. Im Grunde so, wie ihr so schön sagt, „es gleicht ja kein Ei dem anderen", so könntet ihr wahrlich sagen, nicht *eine* Wirklichkeit gleicht der *anderen*. Der Unterschied ist vielleicht, dass *partiell* sich Menschen in ihren gegenseitigen jeweiligen Wirklichkeiten, dass sie da Gleichheiten entdecken und daher dann das Gefühl haben, „ah, da sind wir uns einig".

Manchmal sind Menschen *so eng* zusammen, dass sie eine gemeinsame Wirklichkeit *erschaffen.*
Ein Kind, gerade in den ersten Jahren lebt natürlich *ganz und gar* in der Wirklichkeit der Mama, bevor es überhaupt erst einmal in einem gewissen Alter anfangen kann, eine persönliche eigene Wirklichkeit zu entdecken. Dann ist dieser Mensch aber schon sehr geprägt, würdet ihr sagen, aus der Wirklichkeit der Mutter im allgemeinsten Sinne.

Aber *das* sind die Wirklichkeiten der Kleider. Ich spreche von der *tiefen* Wirklichkeit, von der Wirklichkeit des Lichtes, des Lebens, der *Einen Kraft*, - und diese Wirklichkeit, ihr lieben Freunde, ist *allen* Menschen, *allem* Leben, *allem* Existierenden *gleich*, ungesehen, ungespürt, kaum wahrgenommen.

---

[3] Bezug zum Vortrag „Zurück zum Ursprung - Neue Wirklichkeit", s. Vortragstext zuvor in diesem Buch

Viele Menschen tragen diese Sehnsucht danach in sich, suchen die Erfüllung vielleicht in Gott, vielleicht im Tod. Suchen die Erfüllung der Sehnsucht vielleicht in äußeren Meistern, Lehrern, Lehren. Aber macht euch bewusst, *all* diese Formen und selbst sind sie noch so wunderbar, sind *wiederum* Gestalt, Kleid, eine *kreierte* Wirklichkeit. Das Eine, was *allem* innewohnt, ist *still*, ist in *jedem* gleich, unabänderlich, die eine gleiche Kraft.

Und sich *darauf* zu besinnen, für euch selbst natürlich, aber, eben, auch im anderen, *das*, ihr lieben Freunde, hat eine große stille *heilsame* Macht.

(längere Stille)

Und wenn ihr wie in diesem Augenblick mal einen Zipfel dieser Stille und der darin liegenden freundlichen Macht erlebt, dann werdet ihr merken, ihr *könnt* nicht mehr anders, als mit Freundlichkeit, Mitgefühl, Vertrauen, Zuversicht und Vergebung auf andere schauen. Dann *könnt* ihr nicht mehr anders.

Denn dann *fühlt* ihr, dass, so wie ihr selbst, wenn ihr in dem Bewusstsein, also im menschlichen Bewusstsein seid, wenn ihr in diesem Alltagsbewusstsein, im, ich sag einmal, Form-und-Kleid-Bewusstsein seid, - dann wisst ihr einfach, „ja, so ist das, das ist menschlich und *darin* lebt diese stille, helle Kraft. Und weil sie *darin* lebt, strömt sie auch hinaus, und ich bin umgeben davon, und alles Leben ist darin enthalten". Dann *kannst* du nicht mehr anders, als Stück um Stück diesen stillen Blick *langsam* bekommen.

Es ist *tatsächlich* wie ein Erwachen. Es ist *tatsächlich* wie ein Erwachen aus einem Schlaf. Und auch *da* kannst du schauen, das Erwachen, es ist so scheinbar im menschlichen Sinne ein großes Wort. So wie Erleuchtung einmal ein großes Wort war oder wie geistiges Sein, geistiges Bewusstsein, die Liebe, *große* Worte für dich sind.

Aber genau genommen, ist es nichts anderes, als was du auf einer menschlichen Ebene jeden Tag erlebst. Du schläfst sozusagen ein, obwohl du weiterlebst, in eine Art Unbewusstheit, zumindest in der Regel erlebst du nicht bewusst, was in dieser Zeit geschieht. Und am Morgen wirst du wieder wach. Manche werden schnell wach, im Sinne von, „ah, jetzt bin ich da und mach die Augen auf und stehe auf", andere brauchen noch eine *lange* Zeit um ein bisschen erst einmal sich sozusagen hinein zu träumen in das Wachwerden. Da hat jeder Mensch seine ganz eigene Art.

Aber letztlich geht es im tiefinneren Sinne um nichts anderes. Das Leben pulsiert in dir. Das, was du in der *Tiefe* bist, es pulsiert in dir, in diesem Körper, mit diesem Körper, ohne diesen Körper, um diesen Körper drum herum. Es pulsiert durch *jede* Zelle und *jede* Schicht deines Daseins.

Ob du dir dessen ein bisschen bewusst bist, ob du dir dessen langsam mehr und mehr bewusst wirst, ob du dir plötzlich dessen bewusst wirst und dann wieder einschläfst, oder ob du dir plötzlich dessen bewusst wirst und es bleibt so, das spielt *individuell* vielleicht eine Rolle, im Gesamtbild nicht so sehr.

Also, ihr Lieben, *Er*wachen ist kein Ziel, welches ihr verfolgen könntet. Es ist eher so, dass ihr als Mensch sagen könntet, „ich *bin* ja wach in mir, vielleicht merke ich es noch nicht", aber jeder Mensch, der spürt, dass er lebt, - spürt das Leben selbst.

Und wenn ihr mit meinen Augen schauen könntet, nun, ihr lieben Freunde..., meist sage ich anschließend an diesen Satz etwas sehr Schönes. Heute sage ich etwas Trauriges. Wenn ihr mit meinen Augen schauen könntet, ihr würdet weinen darüber, wie *wenig* Menschen ihr *Leben in sich* spüren.

Ich kann es auch so ausdrücken, wie wenig Menschen auch nur mal einen Moment eine Weite, eine Stille oder eine Breite wahrnehmen. Das ist nichts, was eine Leistung ist, das zu können. Es ist ein Segen, wenn du es in dir erlebst.

Wisst ihr, ihr lieben Freunde, ich bin mir *sehr* bewusst, so sehr viele von euch all diesen Worten gerne lauschen, aus meiner Sicht sind es oft weniger die Worte, die, wenn ich es so ausdrücke, die das, was ich bin, mich, so anziehend für euch macht. Denn die Worte alleine sind einfach, manche davon oft gesprochen, aus den unterschiedlichsten Mündern, oft gelesen sogar in der unterschiedlichsten Schrift.

Aus meiner Sicht, ihr lieben Freunde, ist das, was euch so vertrauensvoll mir meinem Sein lauschen lässt, eben, genau diese Resonanz in der Seele und eurem tieferen Sein.

Und das ist das Wunderbare, dass genau *das* darin geschieht, dass eine Liebe, die spricht, die sich eine Art *Form* gibt, dass sie resoniert mit einer Liebe in euch.

Und letztlich sind es nicht die Worte und nicht die Sprache: Es ist die Stille, die Liebe, die *miteinander* wirkt.

Letztlich, ihr lieben Freunde, ist es sogar *eure* Liebe auch und *eure* Stille in euch, die sozusagen *mich* ermutigt, Worte zu sprechen. Wie ich *das* meine, kann ich euch schwer in Worte fassen.

(Stille)

Also, ihr lieben Freunde, all das, was ich euch heute sprach, *kann* sich, wenn ihr möchtet, mit einer ganz *für dich* erlebbaren Form verbinden. Wenn es einen oder andere, mehrere Menschen in deinem Leben gibt, um die du dich sorgst, rede nicht so viel mit ihnen, vor allem streite nicht und versuche niemanden zu überzeugen. Setze dich lieber hin, besinne dich auf dein innerstes Licht, ob du es spürst oder nicht, und besinne dich darauf, dass es auch im anderen ist.

Ich gab euch vor *einiger* Zeit ein Gebet im ältesten Sinne. Die einen oder anderen von euch erinnern sich und kennen es. Ich sage es noch einmal an dieser Stelle und gebe euch dann noch, eben, das Neue dazu. Das Gebet, das ich euch gab, besagte ja, besinne dich auf *das* Göttliche, *die* Liebe, *das* Große, wie die Sonne, eben, in der alten Sprache oder meiner Sprache, eben, *Gott*. Und im Gebet ist es ja so gemeint: Herr, *verherrliche* dich *genau hier* in *dem*, was du vorfindest. *Senke* dein Licht *tief* dort hinein, um dass *werden* darf, was *werden* möchte.

Jene unter euch, die es immer mal angewandt und ausprobiert haben, haben die Erfahrung gemacht, dass es *entlastet*, dass es *wohltuend* ist, eben, sozusagen aus der vertikalen Kraft eine Macht, eine Heilkraft, eine Wirkkraft *in* ein Geschehen hinein zu erbitten. Sei es in einer *eigenen* Angst, Enge, Traurigkeit oder was auch immer, oder sei es etwas *dort* im *anderen*, in der Welt.

Heute nun sprach ich euch und spreche euch davon, dass die *gleiche* Kraft, die *gleiche* stille Macht, im Grunde die *gleiche* Verherrlichung auch im *Horizontalen* geschieht. Und so, ihr Lieben, ist in der Verbindung von Beiden der Kreis des Lebens gegeben, so ist eben *alle* Ebene verbunden.

Denn so ist das ja, die *Resonanz* des *Lichtes*, die Resonanz *der* Liebe, wie immer du es nennen möchtest, die verbindet sich grenzenlos, *richtungslos*. Denn was es braucht, ist vor allem die Bereitschaft, das ganz *eigene menschliche* Sein, Persönlichkeit, das Innerste, das, was du denkst, deine Identifikation, wer du bist, was du glaubst, - das, wie soll ich sagen, nicht beiseite zu stellen, sondern *durchdringen* zu lassen.

Denn vereinfacht gesagt, ihr lieben Freunde, dein Herzschlag ist dein Herzschlag, ob du …, wenn du sozusagen dein Ohr an einen Körper legst, um den Herzschlag zu hören, - es spielt keine Rolle, ob das Kleid, das du dabei mit dem Ohr berührst, ob das ein weißes Kleid ist oder ein schwarzes, ein schöner Anzug oder ein schmutziger, ein dickes verkrustetes Fell oder ein Seidengewand, es spielt keine Rolle. Der Herzschlag ist immer der Gleiche.

Und dieser Herzschlag, ihr Lieben, pulsiert in allem Leben. Könntet ihr mit meinen Ohren hören, dann würdet ihr ihn hören in jeder Blume, in jedem Tier natürlich, aber auch in jedem Grashalm, in jedem Stein sogar, in jedem Blatt, - dieses pulsierende Sein ist in *allem*, in allem *gleich*, gleichgültig, welche Form und welches Gebaren diese Gestalt zeigt.

Ich spreche euch all diese Worte, sowohl dass ihr selbst auf eurem Weg mit euch selbst in dieses erholsame stille Sein sinken könnt, dass diese allgegenwärtige stille Wirklichkeit dir Trost *für dich selbst* schenkt, dir Geborgenheit, Vertrauen, Wohlbefinden schenkt.

Denn das ist letztlich das, was daraus geschieht: *Du* wirst *mit dir selbst* in einer stillen Weise *froh* sein, nicht laut lachend.

Diese Wirklichkeit ist sehr still und ruhig. Sie hat auch Freude und kann perliges Lachen hervorbringen. Das ist wieder die Form. Es geht um eine tiefe innere Qualität.

Ich spreche diese Worte aber auch zu euch wie so oft, weil es das *braucht* im Miteinander, in deinem kleinen familiären freundschaftlichen kollegialen Miteinander kann es wiederum *dir* und auch *anderen* auf eine stille Weise sehr hilfreich sein.

Aber vor allem spreche ich diese Worte auch, ihr lieben Freunde, weil es genau *das* in eurem kollektiven Zusammensein *braucht*.

Ich sagte ja vorhin, die evolutionäre Bewusstseinsentwicklung, die geschieht so oder so. Dem Leben selbst spielt es keine Rolle, wieviele Kreise, wieviele Zyklen etwas braucht. Es ist ein bisschen so,

als würdest du sagen, einer Pflanze, die nicht vollkommen ver-
trocknet, einer Pflanze ist es wie gleichgültig, ob sie üppig blüht,
oder weniger üppig, ob sie in einem Jahr *fast* verdörrt und im
nächsten Jahr vielleicht doch wieder mehr Kraft in sich zum Vorschein bringt. Der Pflanze selbst ist es gleichgültig, solange das Leben pulsiert.
Dem Leben selbst ist es also gleichgültig, *welche* Zyklen es durch-
läuft.

Aber im *menschlichen* Sinne, auch im individuellen *geistigen* Sinne
ist es vielleicht doch nicht ganz gleichgültig, denn es gibt den
Wunsch nach Leben, nach Glück, - was aus meiner Sicht nichts
mit Wohlstand im materiellsten Sinne zu tun hat.

Diesem Erden-Planeten, dieser Menschen-Gemeinschaft ist das
Paradies versprochen, aber eben nicht in der Weise, dass sie es er-
reichen wird, sondern wenn Gott etwas verspricht, gibt er es gleich.
Die Erde *ist* ein Paradies.
Der Mensch *ist* ein liebendes Wesen, *jeder, ausnahmslos jeder.*

Und, es *braucht* Menschen, die daran glauben. Es *braucht* Menschen, die eben nicht die Angst so sehr nutzen und, wie soll ich
sagen, eben, die *k*ein schönes Menschenbild haben.
Es *braucht* Menschen, die einfach *wissen*, in *jeder* Seele lebt die eine
Kraft und somit auch in jedem Menschen.

Und ich weiß, wenn ich es als Bitte formulieren würde, würde ich
zuviel von euch verlangen, denn als Mensch ist es nicht leicht, einen, wie soll ich sagen, ich sage es sehr einfach, einen groben un-
freundlichen Menschen zu betrachten und freundlich auf ihn zu
schauen. Ich weiß für das menschliche Miteinander ist es oft nicht
einfach, wirklich und wahrhaftig das *Gute*, das *einzig* Wirkliche,
das *ewig* Wirkliche im *anderen* zu sehen.
Darum versage ich mir, es als Bitte zu formulieren.

Aber vielleicht haben meine Worte *gedient* und es wird in euch ein Bedürfnis. Denn das ist ja das: Es geht nicht darum, dass *ihr* die Welt rettet, die Menschheit verändert. Niemals würde die Liebe euch zu etwas einladen, was nicht zu allererst euch selbst gut tut.

Wenn du dich vielleicht manchmal ärgerst, „ach, soll ich schon wieder Mitgefühl mit den anderen haben, wer hat den Mitgefühl mit mir?", nun, ihr lieben Freunde, dann ist es genau der Moment, wo du dir bewusst machen darfst, zuerst einmal hat *Die Liebe* Mitgefühl mit dir.

Im zweiten Schritt möchte *Die Liebe* vielleicht dir helfen dürfen, dass du Mitgefühl mit dir *selbst* hast, *bevor* du daran denkst Mitgefühl mit anderen zu haben.

Und du wirst immer tiefer erkennen, wenn du das Licht..., und du kannst es mit so vielen Worten ersetzen, wenn du *die* Liebe, *den* Frieden, *das* Mitgefühl, die Stille, wie immer du es sagst, - wenn du erlaubst, dass das Licht zu dir kommen darf, dass es dir nichts anderes helfen will, als das *dein* Licht *in dir* sich wieder ausdehnen kann.

Und wenn du dann noch erlebst, dass du wann immer du das möchtest, dein Bewusstsein breit machst und dich besinnst, dass *genau* das auch im anderen fließt, - *du* wirst das Glück darin selbst erleben.

Davon kann ich euch nicht sprechen: Diese Erfahrung, ihr lieben Freunde, die macht *jeder* Mensch tatsächlich selbst.

Lasst euch nicht verführen von jenen, die laut rufen, wie *das* zu sein hätte. Lasst euch nicht verführen von jenen, die euch *ihre* Erwachtheit beschreiben. Es ist schön, dass sie in die Welt rufen, sie erzählen von ihrer neuen Wirklichkeit.

Geht auf die eigene Reise, denn *dieses* Glück ist so *individuell* wie du selbst. Denn das ist genau das: Es *braucht* den Tod nicht mehr, um ins Licht zurück zu gehen. Es ist *längst* die Zeit, wo jeder Mensch, wenn es seine persönliche Wirklichkeit erlaubt, - also du siehst, ich spreche nicht, wenn die Seele es erlaubt, - sondern die Wirklichkeit eines jeden Menschen ist wie ein Haus, das er sich gebaut hat oder auch ihm ein bisschen gebaut wurde, beides.

Aber wenn diese Wirklichkeit, wenn dieses *Innere*, eben, wenn es geschehen darf, möchte, - geglaubt wird, dass es möglich ist, dass, eben, *Fenster* und *Türen* zu öffnen sind, dass es mehr Fenster gibt, als vielleicht erstmal sichtbar sind.

Das ist eine Form der Entscheidung, da zu sagen: „Ich möchte mir diese Idee erlauben.", und wenn *das* geschieht, wenn also dieses *Eine* sich *mit* dem menschlichen Fühlen verbindet, wenn dadurch deine ganz persönliche Wirklichkeit lichtdurchflutet wird, - ihr lieben Freunde, *das* ist ein *individuelles* Glück.

Und glaubt mir, die eigene Menschlichkeit durchflutet von dieser tiefen Wirklichkeit, ihr lieben Freunde, das bedeutet nicht die Abwesenheit von auch mal Schmerz oder Angst oder schwierigen Ereignissen. Das wäre ein Irrtum. Es bedeutet noch nicht einmal die Abwesenheit von möglicher Krankheit sozusagen. Es wäre ein Irrtum. Aber was es bedeutet ist, dass gleichgültig, was ihr erlebt, es lichtdurchflutet ist.

Ihr werdet in *allem* einen Segen ahnen. Und allein dieser Gedanke hilft euch vielleicht, euch selbst bereits zu erkennen. Denn ihr kennt das, was ich spreche, in kleinen, mal in größeren Momenten. Aber genau das ist es: Wenn die *eigene* Wirklichkeit hier und da von Licht durchflutet wird, *das* verändert etwas.

Und das ist der Grund, warum auch wir geistigen Welten immer wieder so gerne uns mit euch verbinden. Nicht um euch abhängig zu machen von uns. Es ist wie die Liebe, die sich *freut*, wenn sie sich verbinden darf mit der Liebe im anderen. Und ob ihr es spürt oder nicht, es geschieht *jedes* Mal, wenn ihr unseren Worten lauscht, wenn ihr still werdet in dem Bewusstsein, dass es eine größere oder nicht sichtbare Kraft gibt, die euch umhüllt. Größer ist in diesem Zusammenhang nicht mehr das rechte Wort. Wenn es, eben, diese *helle* Kraft gibt, die euch umhüllt, die euch auch durch Wesenheiten gebracht wird, verstärkt wird. Aber selbst, wenn ein Mensch nicht an Präsenz geistiger Individualitäten glaubt, auch das ändert nichts daran, dass die *eine* helle Kraft da ist. Wie auch immer, es ist *das,* was wirkt. Es ist *das,* was auch *uns* glücklich macht. Denn das Glück liegt in der *erfahrbaren* Verbundenheit.

Und ich wünsche euch aus all meiner Liebe heraus, dass ihr nicht so traurig seid, wenn ihr diese Verbundenheit nicht von Mensch zu Mensch spürt. Sondern, dass ihr sie vor allem einmal in euch selbst mit der Liebe des Lebens sucht. Dass es eine Verbundenheit wird in *dir,* so als könntest du sagen, „ich Mensch und ich Seele, wir fangen an und sind miteinander". Ich Mensch, ich Seele und, eben, dass es diese Trennung gar nicht gibt.

Und du wirst erkennen, je stiller und *einfacher* es in *dir* ist, freust du dich über jeden kleinen Moment der Verbundenheit von Mensch zu Mensch und kannst *gut* damit sein, wenn das Gefühl, diese Wirklichkeit, mal nicht spürbar ist.

Dann weißt du einfach wieder, „dieser Mensch und ich selbst, wir sind gerade wieder in unseren individuellen Häusern", also Wirklichkeiten, - ja, wie soll ich sagen, Zuhause verschwunden, hineingegangen, Tür zugemacht, wie auch immer. Worte sind klein um euch das zu beschreiben. Ich meine aber, ihr versteht, was ich sagen möchte.

(Stille)

Wir geistigen Welten tun unser Werk *mit* den Menschen. Wir *wirken* mit unserer Liebe, so gut wir das können. Das Licht selbst braucht sozusagen unsere Hilfe *nicht,* denn wie gesagt, das Leben ist einfach *die eine Kraft.*

Und doch ist es so, dass auch das, was ich bin…, manch einer unter euch weiß es bereits. Wenn ein Mensch mich fragt, was ich bin oder warum ich spreche zu den Menschen: Das, was ich bin, ist oft nicht in Worte zu kleiden, aber eines sage ich sehr gerne. Die Wesenheit, die ich bin, ich habe mir eine Aufgabe *an mir selbst* gestellt und diese Aufgabe ist, dass ich solange mit den Menschen verbunden bleibe, bis der letzte Mensch sein Herz gefunden hat.

Ihr würdet vielleicht stöhnen und sagen: „Ach, was für eine langwierige Aufgabe". Aus meiner Sicht, ihr lieben Freunde, es ist eine wunderbare Aufgabe.

Und jeden Tag, wo ein Herz voller Liebe erglüht, eine Liebe, die nicht nur von Mensch zu Mensch ist, sondern eine Liebe voller Vertrauen, voller Mitgefühl, voller Freundlichkeit, *leuchtet* auch *mein Sein*.

So viele Worte könnte ich euch über die Macht des Bewusstseins sprechen, und doch glaube ich, ist es für heute nahezu genug.

Ein letztes Beispiel zur Erinnerung möchte ich euch geben. Ihr kennt das aus eurer Welt, das habt ihr im menschlichen Beobachten längst entdeckt. Wenn zum Beispiel an *einem* Ort sagen wir mal eine Pflanzenart abstirbt, dann habt ihr die Entdeckung gemacht, dass es in relativ kurzer Zeit ein *globales* Geschehen wird. Wenn eine *Tierart* an *einem* Ort im Bewusstsein sich zurückzieht, habt ihr beobachtet, dass *global* es geschieht.

Das ist das Beispiel, was euch eher traurig stimmt, dass Bewusstsein so eng verbunden ist, dass es bewirken, dass eine Art sich sozusagen aus dem *Form Leben* zurückzieht und pures geistiges Sein wird.

Genauso funktioniert Bewusstsein aber auch andersherum. Wenn *eine* Blüte erblüht, ist es wie ein Signal für die anderen Blüten. Wenn ein Bewusstsein im Bewusstsein des Friedens, der Liebe, der Lichtkraft ist, hat das eine Auswirkung auf *viele, viele* andere. Wir dürften zu Recht sagen, eins zu tausend.

Und da geht es nicht darum zu sagen, ich muss *hundertprozentig* fertig sein, erst dann hat mein Bewusstsein eine Wirkung. Nein. Jede Sekunde hast *du* in *deinem* Bewusstsein Wirkung aufs Ganze.

Lasst euch das nicht in eine Unruhe geraten, solltest du jetzt denken, „Oh, je, dann hat ja jede Form von Bewusstheit, in der ich stecke, eine Wirkung." Ja, ihr lieben Freunde, das stimmt schon, aber das macht nichts. Denn das ist das Wunderbare: Wisst ihr, wenn wir es einmal *viral* betrachten, es gibt Viren, die verbreiten sich langsam, und es gibt Viren, die verbreiten sich schnell.

Jetzt könntet ihr sagen, „na, ja, der Angstvirus verbreitet sich ja schlagartig, vielfach." Ja, *scheinbar,* - weil er auf der menschlichen Wirklichkeit für Unruhe sorgt. Dieser *seelische lichtvolle* Funken, der hat eine ganz andere *Tiefe,* der hat eine ganz andere Kraft. Denn macht euch das bewusst, selbst in der schlimmsten Angstwolke ist mittendrin ein Lichtfunke. Also, es kann nicht anders sein, als dass das Leben Leben erzeugt.

Bewusstheit erzeugt Bewusstheit. Und du kannst, du, oder ein anderer Mensch, ich meine nicht dich persönlich, - ein Mensch kann ein *ganzes* Leben lang in *Angst* verbringen, wenn er *einen* Moment der Liebe fühlt, löst sich die Angst auf, *das* ist die Wahrheit.

So erlaube ich mir diese *meditative* Bitte an euch zu sprechen, und bitte euch darum, ihr lieben Freunde: Erkennt, glaubt daran, ihr seid nicht getrennt, *niemand* ist getrennt von Liebe, Vertrauen, Frieden und Stille. Wir *alle, ausnahmslos alle,* sind Teil dieses Ganzen, daraus geboren, darin seiend, wir *sind* es. *Ihr* nicht weniger als *wir,* ob *mit* einem Körper oder *ohne* einen Körper.

Schenkt uns die Freude, mit euch sein zu dürfen, auf das *ihr* zu *duftenden Lichtpunkten* nicht werdet, sondern dass ihr es *seid* in dieser Welt.

Was immer deine Menschlichkeit ist, was immer dein Fühlen in deinem Alltag sein mag, es ist alles, so wie es ist, wunderbar und geliebt, - auch das Schwierige in dir.

Und allein, wenn du dir zunehmend bewusst machst, „egal, was ich Schwieriges in mir vorfinde, *in mir* ist die *eine Kraft*", dann hast du Wirkung, so ist das.

(Stille)

So hülle ich euch in meinen Mantel der Liebe. Ich segne euch im Namen unendlicher Liebe. In dem ich euch segne, segne ich all jene, die euch *tief* im Herzen sind. Vor allem aber erlaube ich mir in diesem Augenblick all jene zu segnen, die du mit den Augen der Liebe betrachtest.

Friede mit euch, ihr lieben Freunde, mit euch, auf all euren Wegen, vor allem in eurem Herzen mit euch selbst.

Lasst euch nicht blenden von der Verwirrtheit der Welt. Glaubt an die innerste Wirklichkeit.
Wer die Landschaft zum ersten Mal im Winter sieht, wird wohl kaum glauben können, was der Frühling hervorbringt.

Glaube daran: Das Leben setzt sich immer durch.

Friede mit euch, ihr lieben Freunde, mit euch, auf all euren Wegen, vor allem in eurem Herzen mit euch selbst.

Meditation 1 - Vertikal Anbindung

Setze dich so, dass du deine Füße auf dem Boden spürst.
Wir machen eine kurze Reise durch den Körper.
Lasse dich die Füße auf dem Boden spüren und nimm wahr, wie
deine Beine die Unterlage berühren.
Wenn du Füße und Beine gut spürst, geh mit deiner Wahrneh-
mung zu deinem Becken.

Nimm dir einen Moment Zeit, mit dem Becken hin und her
schaukeln. So spürst du deine Sitzbeinhöcker und nimmst wahr,
wie du von ihnen gut auf der Unterlage getragen bist. Auf diese
Weise bist du über deine Füße, deine Beine und dein Becken gut
mit dem Boden verbunden.

Mache dir bewusst, dass die Wirbelsäule dich vom Becken aus aufrichtet. Die Wirbelsäule ist die knöcherne Aufrichtung, die dir
hilft, dich auf dein vertikales Aufgerichtet-Sein auszurichten. Und
oben auf der Wirbelsäule sitzt dein Kopf, locker gehalten und frei
schwingend.

Die Wirbelsäule gibt dir auch eine Idee von Räumlichkeit im Körper. Es gibt ein Vorne, ein Hinten, ein Rechts, ein Links und auch
ein Oben und Unten. Und in dieser Räumlichkeit *Körper* findet
dein Atem statt.

Lasse dich für zwei, drei, vier Atemzüge einfach nur beobachten,
wie dein Körper atmet, - flach, tief, breit, ohne zu bewerten, nur
beobachten.

Lege eine Hand unterhalb deiner Schlüsselbeine, so dass Zeigefinger und Daumen etwas unterhalb deiner Schlüsselbeine liegen,
deine Handfläche so dein Brustbein, deinen oberen Brustraum, das
obere Herzchakra berührt. Spüre nach, wie es sich anfühlt, die
Hand hier liegen zu haben. Verändert das vielleicht sogar etwas im

Atem, möglicherweise sogar in deinem ganzen Körpergefühl? Fühlst du dich eventuell sicherer, gehaltener? Durch die Wahrnehmung deines Körpers über die Füße, der Unterlage, der Wirbelsäule, räumlich atmend, durch dein Gehalten-Sein bist du gut verankert im Hier und Jetzt.

Gehe nun mit deiner inneren Aufmerksamkeit nach unten zu deiner Wirbelsäule, so, als würdest du im Lot sitzen. Lasse die vertikale Strömung durch die Wirbelsäule nach unten fließen, wie eine Pfahlwurzel, die sich am unteren Ende deiner Wirbelsäule Richtung Erde ausrichtet und sich tief in der Erde bis in den innersten Erdkern hinein verwurzelt.

Es geschieht leicht und einfach durch den Gedanken, ob du das fühlend wahrnimmst oder nicht. Diese Vertikale geht auch ganz nach unten durch den Boden hindurch, durch alle Stockwerke des Hauses, durch alle Erdschichten bis ins Zentrum der Erde, den Lava-Kern der Erde, - die innerste Sonne der Erde, in deren Wärme du tief verwurzelt bist.

Während Du auch immer noch mit deinem Atem und deiner Hand auf der Brust im Körper gehalten bist, erlaube dir, diesen vertikalen Fluss jetzt in die andere Richtung nach oben zu verfolgen. Folge dem vertikalen Strom bis hinauf zu deinem Kronenchakra.
Stelle dir circa eine Hand breit über deinem Kopf eine Sonne vor, - deine Seelensonne. Solltest du dem Bild nicht folgen können, genügt auch der Gedanke.
So tritt der vertikale Strom aus deinem Kronenchakra aus und trifft auf dieses achte Chakra, deine Seelensonne.

Erlaube dir, der vertikalen Ausrichtung immer weiter nach oben zu folgen, bis hoch über dir zur Zentralsonne, der Himmelssonne, - das göttliche Auge, in dem sich alles bündelt, wie immer sich das in dir zeigen möchte.

Mache dir nun ganz bewusst: *Meine Seelensonne und diese ganz große Sonne irgendwo in der Weite über mir ist durch diesen vertikalen Strom verbunden.*

Vielleicht kannst du dir noch vorstellen, dass zwischen diesen beiden Sonnen, der großen Sonne und deiner Seelensonne, sich Sonne um Sonne aufreiht, - jede Sonne für eine Ebene des Bewusstseins, was immer das für Ebenen sein mögen.

Nun folge dem vertikalen Strom von der Seelensonne wieder nach unten zu deiner Stirn, zu deinem dritten Auge. Stelle dir vor, wie hinter deiner Stirn in der Mitte deines Gehirns eine Sonne entsteht, eine kleinere Sonne, die sich dann auch mit der Sonne in deinem Herzen verbindet.

So hast du ein Gesamtbild von der höchsten Sonne über deine Seelen- und Herzenssonne bis tief in die Sonne der Erde hinein.

Es gibt nichts tun.

Die Sonne in deinem Herzen ist der Mittelpunkt, ist das Zentrum. In deinem Herzen ist die Mitte dieser vertikalen Dimension.

Und da du gut verwurzelt, gut getragen bist durch die Erde und deinen Körper, kannst du dir jetzt in deiner Weise für dich erlauben, dass du dir vorstellst, du atmest aus der hohen Sonne oder aus den verschiedenen Ebenen der Sonnen die Kraft, die Wärme, dieses Helle in dein Herz hinein, es darf zu dir fließen.

Und zuallererst darf ganz und gar deine Herzens-Sonne sich davon nähren. Diese helle warme Sonnen-Kraft darf zu allererst in deinen Körper fließen, wo immer es hinfließen will in deinen Körper, mit der inneren Vorstellung: *Ich bin das Gefäß, mein Körper ist das Gefäß, und ich darf mich an diese Quelle anschließen, dieses Licht darf zu mir fließen, ich darf das ganz aufnehmen bis in mein Herz, von meinem Herzen aus darf es sich überall hin ergießen in meinen eigenen Körper.*

Wie spürt sich das in meinem Körper an, wenn ich mich so an eine Quelle anschließen darf?
Was geschieht mit meinem Atem?
Wie fühlt es sich an in meinem Körper?

Vielleicht entsteht ein Fließen, vielleicht auch eine Enge. Und es darf sein, - es darf einfach *dahin* fließen. Das Enge ist willkommen, es darf mit hinein in dieses: *Ich werde genährt, ich bin an eine Quelle angeschlossen, ich darf mich nähren, mein Körper darf darin entspannen.*

Es darf auch bis in die Füße und auch durch die Wurzeln nach unten fließen, aber vor allem dein Körper darf darin entspannen.

Und wann immer du das Gefühl hast, angefüllt zu sein, kann sich nun dein Ausatmen in die Ausdehnung richten über deinen Körper hinaus. Dieses Licht, welches über die verschiedenen Sonnen bis in dein Herz fließt, darf sich durch dich ausbreiten, über deinen Ausatem sich ausdehnen, wo auch immer es hinfließen möchte.

Was immer jetzt an Bildern in dir entsteht, folge einfach diesen Bildern. Halte kein Bild fest, beobachte, spüre, und dein Körper darf ganz beteiligt sein. Er darf das Fließen spüren, er darf das Strömen spüren.

Und vielleicht, vielleicht entsteht ein inneres Bild, dass du auf der Erde sitzt und die gesamte Erde in einem großen Blick wahrnehmen kannst, als könntest du sie sehen, wie etwas, was unter dir ist, weil du ja darauf sitzt, - und verwurzelt bist tief in die Erde hinein.

Und indem dieses Fließen und Strömen aus deinem Herzen immer größer, immer breiter werden darf, kann auch möglicherweise ein

Bild entstehen, dass die gesamte Erde mehr und mehr durch dieses Leuchten umhüllt ist, das es sich wie über die Erde ergießt, - von deinem Platz aus sich wie das ganze Strahlen immer weiter ausdehnt. Und was immer in deinen inneren Fokus kommt, welches Bild entsteht, - sind es Menschen, die dir einfallen, vielleicht Menschen, an die du lange nicht gedacht hast, sind es Völker, oder ist es die gesamte Erde, - all das darf in diesem Leuchten baden, welches du ausstrahlst.

Du kannst dir dafür Zeit lassen, Raum gebend für alles, was jetzt in DEINEM Leuchten baden möchte.

Und wenn du möchtest, kannst du jetzt ganz speziell an diesen Virus (Corona) denken. An diese kleine materielle Form, die mindestens Angst auslöst oder sogar aus Angst ist. Die Lebens- und Todesangst, die damit wohl verbunden zu sein scheint, - erlaube dir, all das in dein Leuchten aufzunehmen, - ohne Absicht, wenn du kannst mit einem Gefühl: *Alles ist willkommen, das Leben, mit allem, was Leben bedeutet, ist willkommen und in diesem Leuchten gerade aufgehoben.*

Vielleicht tauchen dann besonders Menschen in dir auf, die gerade sehr betroffen sind oder all die Menschen, die nicht so im Warmen sitzen wie du gerade. Was immer da auftauchen möchte, stell dich zur Verfügung, dass die gute Kraft der vielen Sonnen durch dich in diese Breite und überall hin fließt. Dass sie dich nährt und durch dich, wo immer sie hinfließen möchte, was immer durch ihre Wärme umhüllt sein möchte, durch dich geschehen darf.

Was immer an Traurigkeit, Schmerz oder Anderem in dir auftaucht, während du dies erlaubst, ist mit aufgenommen in diesen Fluss, in diese Wärme, in dieses Leuchten. Lasse dir auch dafür die Zeit, die du brauchst.

Sobald du dich bereit fühlst, ganz in deiner Zeit, mache dir wieder deine Hand auf deinem Körper bewusst. Nimm deine innere Aufmerksamkeit Atemzug um Atemzug wieder ganz zu deinem Körper zurück. Gehe ganz bewusst wieder deinen Körper durch, - fühle, wie der Atem fließt, lass dich ganz bewusst dein Becken spüren, deine Beine bis zu deinen Füßen.

Öffne in deiner Zeit deine Augen in dem Wissen, dass dein Leuchten, dein vertikales Angebunden-Sein eine stille beständige Wirklichkeit ist, auch wenn du dich nicht darauf konzentrierst.

Meditation 2 - Einführung

Selbstkontakt und heilende Präsenz

Selbstkontakt ist, wie ich persönlich finde, ein sehr schönes Wort für die Erfahrungsvielfalt im Durchgang durch unsere inneren Räume in vielen verschiedenen Etappen. Und wenn ich Selbstkontakt sage, dann meine ich wirklich den Kontakt zu unserem SELBST.

Und das ist das, was wir uns mehr oder minder ersehnen, aber nicht unbedingt leicht *machen* können. Meine Erfahrung ist, dass wir im Grunde scheitern, weil wir versuchen, es *zu machen*. Wir könnten das lassen, dieses Machen, und dann würde es wie von alleine geschehen.

Denn das, was wir sind in unserem Selbst, ist ja jederzeit da, wir glauben nur, wir seien davon getrennt, weil wir so viel mit Themen, mit äußeren Dingen oder Alltagsherausforderungen beschäftigt sind, weil unsere Sinne, unsere Aufmerksamkeit, sich so sehr auf Dinge im Außen richtet.

Und gerade jetzt auch in dieser Zeit, auch beeinflusst vom Außen, richtet sich natürlich unsere Aufmerksamkeit auf so Manches im Außen, und unsere Gedanken, unsere Innenwelt ist beschäftigt mit Gestern und Morgen.

Unser Selbst, diese Instanz in uns, die im Jetzt verankert ist, die einfach da ist, die immer da ist, egal, mit was wir beschäftigt sind, ob unsere Wahrnehmung dahin geht oder nicht, - dieses Selbst ist wie ein Klang. Wenn wir die Sinne still werden lassen, wenn wir die Aufmerksamkeit von dem Außen zu uns hineinnehmen, dann nimmt sich diese Schwingung, die wir sind, dieses Innere, was wir sind, seinen eigenen Raum.

Auch die geistige Ausrichtung auf *die Liebe* und den Raum um uns herum kann unterstützend für dieses innere Erblühen sein.

Wenn also unsere Gedanken und Überlegungen für einen Moment stillhalten dürfen, dann ist es, als würden wir diesem *ES* in uns den Sonnenraum geben, den es braucht um *die Nase ins Licht zu recken*.

Im Augenblick, in dieser besonderen Zeit, machen viele Menschen die Erfahrung, dass Gefühle in ihnen auftauchen, die längst vergessen schienen. Gefühle auch aus vorherigen Generationen. Oft ist es nicht leicht zu unterscheiden, woher diese Ängste und Unruhen kommen, wieso sie gerade jetzt so verstärkt auftauchen.

Gerade in diesem Zusammenhang finde ich den Selbstkontakt sehr hilfreich, weil er uns eine Möglichkeit gibt, durch den Kontakt zu uns selbst, zu unserem SELBST, in eine innere Sicherheit zu kommen.

Die spirituelle Dimension darin, das Erwachen, Seins-Erfahrungen von Frieden, Liebe oder Verbundenheit stellen sich dabei von ganz alleine ein, wenn unsere innere Zeit dafür reif ist.

Im Grunde brauchen wir uns nur auf das einzulassen, was jetzt da ist, und *die Liebe* macht das Beste daraus. Es ist fast wie ein Beiwerk, so erlebe ich es immer wieder, dass unser Bewusstsein sich dabei erweitert oder wir immer tiefer in das sinken, was wir ursprünglich sind: Liebendes Bewusstsein.

Die Herausforderung liegt genau darin, dass wir die Dinge durch uns hindurchlaufen lassen und nicht an dem festhalten, was wir fühlen und erleben und wohin sich unsere Gedanken richten. Wir können uns nur einlassen auf das, was wir in uns wahrnehmen, gegen nichts kämpfen, nichts ablehnen von dem Wahrnehmen und gleichzeitig in einer inneren Bereitschaft sein: Es darf durchfließen, es darf sein, es darf so lange bleiben, wie es braucht, und gleichzeitig einverstanden sein, es gehen zu lassen.

Meditation 2 - Selbstkontakt und heilende Präsenz

Bringe dich in eine dir angenehme Position, am besten im Sitzen mit den Füßen am Boden.
Nimm zuallererst deine Füße wahr, wie sie den Boden berühren.
Nimm deine Oberschenkel, deine Beine wahr, wie sie die Unterlage berühren. Spüre auch, wie dein Becken den Stuhl, den Sitz berührt.

Wenn du kannst, bewege dein Becken etwas hin und her, vor und zurück, so dass du auch deine Sitzbeinhöcker spürst. Spüre, wie sich dein Körper dadurch bereits aufrichtet.
Fühle dein Becken als Verbindung zwischen Beinen und Körper.

Lass dir Zeit, von deinem Becken ausgehend deine Wirbelsäule zu spüren, die sich vom Becken aus aufrichtet und am Ende der Wirbelsäule, und wie dein Kopf ganz locker und beweglich auf der Wirbelsäule sitzt.

Mache Dir bewusst, dass es an dieser aufgerichteten Wirbelsäule entlang orientiert, ein Vorne und ein Hinten, ein Rechts und ein Links, und ein Oben und ein Unten gibt. So bist du mit deinem Körper im Raum präsent, allein weil du deinen Körper wahrnimmst.
Über die Präsenz deines Körpers kannst du auch ein Vorne und Hinten, ein Rechts und Links und ein Oben und Unten im Raum wahrnehmen.

Vielleicht gibt es in deinem Körper bereits irgendwelche Unbequemlichkeiten oder Empfindungen, vielleicht gibt es da unterschiedliche Empfindungen von Weite oder Enge. Lass dich all das bereits nur wahrnehmen, ohne irgendetwas machen zu müssen.

In einem weiteren Schritt, sei dir deines Atems bewusst. Wie immer du dich jetzt mit deinem Körper wahrnimmst, deinen Körper spürst, mache Dir bewusst: In deinem Körper fließt dein Atem. Richte deine Aufmerksamkeit zu dem Atem, ohne etwas tun zu müssen, nur wahrnehmen, wie der Atem ein- und ausströmt.

Und erkenne: Genau dieses Atmen wahrzunehmen, ist bereits das Jetzt!

Im Jetzt einatmen, im Jetzt ausatmen.

Lege nun deine rechte Hand auf dein Brustbein, so dass dein Zeigefinger unter dem linken Schlüsselbein liegt und dein Daumen unter dem rechten Schlüsselbein.

Beobachte nun, was diese Berührung in deinem Jetzt für Empfindungen auslöst bzw. bewirkt: Was geschieht in dir? Wie spürt es sich an? So, wie du grade da bist, wenn du auf sanfte, freundliche und doch spürbare Weise deine Hand auf deinen Brustraum unterhalb deiner Schlüsselbeine legst.

Und lass dich für einen Moment nur spürend wahrnehmen, ob sich dadurch etwas verändert in dir.

Möglicherweise spürst du bereits, wie allein diese Hand, die Berührung deiner Hand dir ein Gefühl von Geborgenheit vermittelt.

Und lass dich auch wahrnehmen, ob sich dein Atem verändert.

Nach einer Weile lasse dich ausprobieren, was sich verändert, wenn du nun noch deine linke Hand unterhalb deines Bauchnabels auf deinen Unterbauch legst.

Wie fließt dein Atem?

Spüre, was sich dir vermittelt, was diese Hände, die jetzt in Freundlichkeit auf deinem Körper ruhen, in deinem Jetzt verändern?

Du selbst spürst, ob beide Berührungen, sowohl auf dem Brustbein, wie auch auf dem Bauch, ob beides zusammen guttut oder was dein ganz persönliches Bedürfnis ist, - wo dir, welche Hand dir dieses Gefühl, „ich bin mit meinem Körper, meinem Atem und meiner Selbstberührung verbunden", vermittelt.

Und alles, was gerade in dir stattfindet, was immer es sein mag, hat dadurch die Berechtigung zu sein. Deine Hände und dein Atem signalisieren: „Ja, es darf sein", - so dass du immer mehr in eine innere Haltung kommst: *Was erlebe ich jetzt, wenn ich nichts tun muss und alles sein darf in mir?*

Möglicherweise erlebst du unmittelbar eine Ruhe oder Gelassenheit. Möglicherweise erlebst du aber auch eine Enge oder was immer gerade dein Körper dir zeigt. Besinne dich auf deinen Atem und die innere Haltung: *Alles darf sein, alles ist wie eine Schicht.*

Und stell dir nun vor, du wirst einer Feder gleich Schicht um Schicht sinken. Immer wieder mit dieser inneren Frage: *Was erlebe ich jetzt, wenn ich nichts tun muss und alles sein darf?*

Du kannst es für dich aussprechen als ein Wort, als eine innere Wahrnehmung oder einfach nur mit deinem bewussten Ein- und Ausatmen.
Möglicherweise entsteht dabei der Eindruck, innerlich immer tiefer zu sinken. Vielleicht entsteht auch ein Gefühl des Ausdehnens. Nimm einfach nur wahr, was immer sich von alleine einstellt. So wie du es wahrnimmst, ist es genau richtig.

Die innere Haltung ist: *Was immer ich in mir wahrnehme, was immer ich erlebe, ich sinke wie eine Feder durch diesen Raum hindurch. Das mache ich nicht, es geschieht.*

Und selbst wenn du das Gefühl hast, diese innere Feder, diese innere Wahrnehmung würde auf eine feste Platte fallen, bleib in der innersten Haltung: *Ich muss nichts tun, es darf alles sein, was immer ich wahrnehme, es ist Schwingung, es ist Empfindung, es darf da sein, - indem es da sein darf, darf es erblühen und wird in der ganz eigenen Zeit auch verblühen.*

Und während du in der inneren Haltung bist, „es darf alles sein, ich bin gut und sicher getragen von meinem Körper, von diesen Händen die mich berühren", - lass dich innerlich wissen, dass all das, was du ersehnst, sei es Ruhe, Frieden, Wachheit, Licht, was immer in dein inneres Sehnen sich hinein senkt, was immer du spürst als Sehnsucht, wenn du an dein Selbst denkt: *Es ist bereits in dir.*

Mancher Mensch ortet das im Herzen wie eine Sonne oder auch wie eine Sonne im Bauchraum. Und so lade ich dich in dieses Bild ein, dass diese Sonnen in deinem Körper sind. Und was immer sich dir in einem inneren Vordergrund zeigt, so in deinem Herzen oder in deinem Bauchraum: Deine innere Wahrnehmung ist die Wahrnehmung, der du folgst.

Und vielleicht ist es auch ein Gefühl, dass du nur diesen Gedanken mal erlaubst. Dass es gar keine Wahrnehmung ist in dir, sondern du die Wahrnehmung erlaubst, den Gedanken erlaubst: Was immer ich in mir vorfinde, irgendwo in meiner Tiefe in meinem innersten Sein ist das Licht angelegt, das ich ursprünglich bin, ist das angelegt, was gemeint ist, wenn ich im tiefsten Sinne, „*Ich*" sage, „*Ich* erlebe Freude, *Ich* erlebe Angst."
Dass dieses *Ich* das tief innere *Ich* ist.

Dass du dir bewusst machst, es gibt dieses menschliche Ich, welches zu Recht sagen kann: „Ich fühle Freude oder Angst, ich fühle Verunsicherung oder Sicherheit." Und es gibt dieses tiefst innerste *Ich*: „*Ich* erlebe und nehme wahr, was ich als Mensch fühle."

Und gestatte dir möglicherweise, wenn es dir zugänglich ist, fühlend, dass diese Sonne in deinem Herzen und in deinem Bauch mit deinem Atem Belebung findet. Ein bewusstes da-hinein-atmen, ohne Anstrengung. Und auch hier mit der inneren Haltung: *Was erlebe ich, wenn alles sein darf und ich nichts tun muss?*

So dass deine innere Ausrichtung ist: „Was immer für Schichten ich in mir vorfinde, in der Tiefe, im Kern all dieser Schichten ist letztlich das Licht, der Frieden, die Ruhe, die ich bin."

So dass du für dich eine Ahnung oder ein Fühlen bekommst: „Wenn ich nichts ablehne, wenn ich nichts weghaben will, finde ich genau in dem, was ich vorfinde, - mich selbst! Mein Sein, meine Essenz. Über die präsente Wahrnehmung meines Körpers, meines Atems, meiner Empfindungen, finde ich das, was ich bin: Mein Sein."

Und gleichzeitig, in diesem momentanen Einverstanden-Sein, dieser Haltung, mach dir auch die Weite bewusst, die Weite, die dich umgibt. Zuerst einmal den Raum, in dem du sitzt, dann das Haus, in dem dieser Raum ist, dann die Weite um das Haus herum und was immer du als nächst größeren Raum wahrnimmst, es gibt immer eine noch größer umgebende Weite.

Erlaube, dass dein Körper, dein Atem, dein Wahrnehmen, dein Empfinden und dein Sein aufgehoben sind in dieser Weite. Lass dir ein paar Atemzüge Zeit, dieses Bild zu erlauben, was immer du darin spürst in dir und deinem Jetzt:
Was erlebe ich, wenn ich nichts tun muss, alles sein darf und ich mich ganz dieser Weite hingebe?

Und wenn du möchtest, erlaube dir auch jetzt, wenn es nicht schon von alleine geschieht, dass in diesen Bewusstseinsraum, der dich umgibt, etwas hineintritt. Vielleicht denkst du an einen Menschen oder an die Menschen oder an eine Angelegenheit, die dich gerade beunruhigt, was immer es sein mag, was in diesen weiten Raum jetzt wie ein Planet oder ein Vogel in dein Wahrnehmungsfeld eintritt.
Erlaube dir im Angesicht dieser Angelegenheit für einen Moment zu spüren, wirklich zu wissen: „Ich bin verankert mit meinem Atem, mit meinem Körper, mit der Berührung, ich bin verankert

in meinem Jetzt. Ich bin von dieser Weite umgeben. Und was immer in meinen Wahrnehmungsraum eintritt, es ist genauso umgeben von der gleichen Weite, der gleichen Ausdehnung."

Wenn du Dich von diesem Platz aus auf etwas um dich herum besinnst, zum Beispiel auf Mitmenschen, die möglicherweise mehr in Angst als in Ruhe sind, - lass dich spüren, wie diese dich umgebende Stimmung auf deinen Körper wirkt, vielleicht durch eine Enge oder der Atem kann plötzlich nicht mehr frei fließen, - mach dir dann bewusst: „Auch das, was ich wahrnehme, ist in einer Weite aufgehoben."

So musst du dich nicht schützen vor dem, was du wahrnimmst, du musst dich nicht verschließen oder abgrenzen, sondern kannst dich möglicherweise sicher fühlen in dem Wissen, „ich bin in meinem Jetzt, in meinem Atem, ich spüre den Raum, der mich umhüllt, diese unendliche Weite, in der ich aufgehoben bin, und in der gleichen Weite ist auch das Andere aufgehoben. In der gleichen Weite ist die Angst meiner Mitmenschen aufgehoben, ist meine Verunsicherung aufgehoben."

In dieser Weite ist die eigenen Gelassenheit aufgehoben, auch im Angesicht der Unsicherheit anderer, was immer du gerade wahrnimmst. Bleib ganz präsent mit deinem Körper, lass dich durchaus körperlich spüren: Was erwirkt diese Begegnung innerhalb des weiten Raumes in deinem Körper?
Und gleich, was es ist, ob es Enge verursacht oder die Weite des Mitgefühls, bleib präsent in der Wahrnehmung deines Körpers, immer in der inneren Haltung: „Ich bin sicher in meinem Atem, in meinem Körper, in meiner Berührung. Ich bin sicher verankert im Jetzt, und durch meinen Atem und durch die Berührung kann ich immer wieder spürend wahrnehmen:
Was erlebe ich in mir, wenn alles sein darf und ich nichts tun muss?"

Möglicherweise bekommst du da eine Ahnung, wie frei du sein kannst, gleich, was um dich herum geschieht und wie du gleichzeitig verbunden sein kannst durch diese stille, wohlwollende Weite.

Die Liebe sagt: Wir können nicht immer entscheiden, *was* wir erleben, wir können jedoch jeden Moment mit beeinflussen, *wie* wir das erleben, was wir erleben.

Die Entscheidung, - gleich, was wir erleben, uns in den Selbstkontakt zu begeben, - gibt unserem Leben unter Umständen eine völlig neue Ausrichtung.

Die Chance, die Herausforderungen des Lebens in einer gewissen Leichtigkeit und präsenten Gelassenheit zu durchlaufen, ist dadurch ein Vielfaches größer.

Die Stille, die Präsenz und die Ausrichtung ins eigene Sein, ist das, was heilend wirkt, heilend in uns selbst, in unserer Persönlichkeit und in unserem kollektiven Bewusstsein.

Durch deine Präsenz, wie stark oder weniger stark du sie gerade empfinden magst, durch deine Präsenz trägst du zu einer Heilung bei, die aus sich heraus geschehen will.

Und das ist das Wesen der Liebe und des Seins, es strebt immer der besten Lösung entgegen. Es macht immer das Beste aus dem, was es vorfindet, Schritt für Schritt und Atemzug für Atemzug.

Du entscheidest, wie lange du in deinem Erleben verweilen möchtest. Vor allem aber bist du eingeladen, wann immer du in deiner Zeit deine Augen öffnest, etwas von dem, was du gerade innerlich empfunden hast, mitzubringen, ...

... so dass du auch mit offenen Augen einen Teil deines inneren Erlebens mit in dein Alltagsbewusstsein hineinträgst...

Zur Person

Heike Stuckert

Mutter von 3 Kindern

Heilpraktikerin für Psychotherapie

Einzel-, Familien- und Gruppenarbeit

Medialität ist für mich nichts Esoterisches, Medialität ist Bewusstseinserweiterung und somit Heilung für die Seele und die Psyche des Menschen. Aus meiner Sicht kann Heilung im Einzelnen und im System nur darüber geschehen, dass wir alle Ebenen unseres Daseins im Blick haben, auch und vor allem unsere spirituelle Ebene...

Seit 1996 leite ich Seminare zur Öffnung der natürlichen Medialität.

Für nähere Informationen bin ich unter www.diefuelle.de zu erreichen.